数智化时代会计专业
—————— 融合创新系列教材 ——

U0692017

金蝶RPA
智能财务开发与应用

文容　李刚　傅仕伟◎主编

人民邮电出版社

北京

图书在版编目（CIP）数据

金蝶 RPA 智能财务开发与应用 / 文容，李刚，傅仕伟
主编. -- 北京 : 人民邮电出版社，2024. --（数智化
时代会计专业融合创新系列教材）. -- ISBN 978-7-115
-64749-8

Ⅰ．F275；TP242.3

中国国家版本馆 CIP 数据核字第 20249C6Q65 号

内 容 提 要

随着科技的进步，越来越多的企业开始采用自动化技术来提高工作效率、降低成本和优化业务流程。在财务管理领域，利用 RPA 技术可以进一步提升企业智能财务管理的能力，提高财务管理工作效率，减少错误并释放员工的时间和精力。

本书以"RPA 机器人+企业级真实业务平台"为基础，结合丰富的业务场景，按照知识准备、任务场景、任务要求、流程设计、开发方案、任务实现等环节逐步展开，还原了 RPA 机器人从需求调研、业务梳理、流程设计到具体实施的全过程。

本书内容丰富、重点突出，适合作为应用型本科院校和高等职业院校财会专业的教材，也适合作为企业财务人员的参考书。

◆ 主　编　文　容　李　刚　傅仕伟
　　责任编辑　崔　伟
　　责任印制　王　郁　彭志环

◆ 人民邮电出版社出版发行　　北京市丰台区成寿寺路 11 号
　　邮编　100164　电子邮件　315@ptpress.com.cn
　　网址　https://www.ptpress.com.cn
　　固安县铭成印刷有限公司印刷

◆ 开本：787×1092　1/16
　　印张：11.25　　　　　　　　　2024 年 10 月第 1 版
　　字数：292 千字　　　　　　　2025 年 7 月河北第 3 次印刷

定价：49.80 元

读者服务热线：(010)81055256　印装质量热线：(010)81055316
反盗版热线：(010)81055315

本书编委会

主　编：文　容　李　刚　傅仕伟

副主编：王文平　张　婷　唐小惠　袁　江

编　委：朱　军　刘春苗　孙　燕　朱悦萌

前　言

在数字化和智能化的大潮中，各行各业都在积极拥抱诸如 AI（Artifical Intelligence，人工智能）、区块链、云计算、大数据、物联网和 5G 等创新技术，以实现转型升级。从 2017 年国际四大会计师事务所推出与审计、财务相关的 RPA 机器人开始，智能财务的发展步伐不断加快。从 2018 年开始，上海国家会计学院每年都会牵头组织国内龙头企业和行业先锋召开智能财务高峰论坛，分享智能财务领域的最新研究、前沿技术和应用实践。这些分享展示了 RPA 等技术在财务领域的最新进展，并使业财融合得到了信息系统强有力的支持。如今，财务数字化和智能化已成为业界的共识，越来越多的企业正加速迈入财务智能化的轨道，利用这些技术促进财务的数字化转型。

RPA 等智能技术之所以在财务领域得到广泛应用，主要源于财会人员所承担的职责及企业对于财务转型的需求。传统财务工作中存在大量重复、烦琐的任务，消耗了大量人力，限制了财务人员的能力发展。在当前背景下，企业急需解决人力成本上升、专业能力要求提高的问题，而自动化和智能化技术正是理想的解决方案。通过这些技术，企业能够有效降低运营成本，财务人员能够从事价值和技术含量更高的工作。

党的二十大报告指出，要统筹职业教育、高等教育、继续教育协同创新，推进职普融通、产教融合、科教融汇，优化职业教育类型定位。金蝶软件（中国）有限公司作为国内知名的管理软件厂商，在技术创新和管理模式的融合上不断突破，目前在智能财务领域处于国内领先地位。为推进产学研深度融合，强化现代化建设人才支撑，编者在 RPA 机器人基础理论知识、RPA 机器人设计开发实践的基础上，以金蝶云星空为业务平台，结合企业对财务人员的能力要求编写了本书。

【本书内容】

本书分为两个部分。第一部分为 RPA 基础，包括项目一和项目二，主要对人工智能和 RPA 机器人的概念、特征、价值及优势、发展与应用进行介绍。第二部分为 RPA 机器人设计与开发，包括项目三到项目六，主要借助技术领先的 iS-RPA 设计器、丰富的仿真财税平台、真实的业务平台——金蝶云星空，结合企业智能财务建设过程中财务、税务、资金、业务等环节的典型场景，还原企业 RPA 机器人从需求调研、业务梳理、流程设计到具体实施的全过程，以实现培养创新型、应用型、技能型、复合型智能财务人才的目标。

本书内容丰富、重点突出，案例设计由浅入深、层次递进，涵盖丰富的 RPA 理论知识、企业应用案例及设计开发实践，对于读者了解企业的智能化转型、RPA 在企业财务领域的价值和作用，提升智能财务机器人规划、设计和开发的能力等也有较大帮助。

【本书特色】

1. 引入先进的技术和理念

本书综合了智能财务理论、智能财务实践和企业实际应用场景，体现了三维合一的设计理念，将理论知识和企业实务需求紧密结合，可以有效解决院校教学与企业实际应用脱轨的问题。

2. 业务场景丰富，适合启发式教学和案例式教学模式

本书通过企业常见的业财税工作场景，引导读者思考业务中可以用人工智能等新技术进行优化和改善的环节，帮助读者规划智能技术驱动下的新型财务业务处理流程，使读者具备 RPA 财务机器人的规划、开发能力，进而提升读者利用智能化技术促进企业财务转型的能力。

3. 知识讲授与价值引领融合

本书紧密结合 RPA 机器人的应用场景和典型任务，引导读者从平凡岗位的工作视角出发，直观感知、深刻理解个体恪守职业道德底线、履行岗位职责、勇于担当、敬业奉献对于企业发展的重要性。

在编写本书的过程中，编者参考了 RPA 领域相关的文献、网络资料，在此对相关作者表示感谢。本书凝聚了众多人员的智慧，正是因为他们的辛勤劳动，才凝结成本书，在此谨对他们表示真挚的感谢。由于编者水平有限，书中难免存在疏漏之处，敬请广大读者批评指正。

编者

2024 年 8 月

目 录

第一部分

RPA 基础

初识人工智能与 RPA 机器人

学习目标

1. 掌握人工智能和 RPA 机器人的定义、特征。
2. 熟悉 RPA 机器人的价值和优势。
3. 了解人工智能和 RPA 机器人在各行业及领域的发展应用。
4. 提高跨学科知识素养，具备创新意识和创新能力。

职业素养点拨

学无止境

屈原在《离骚》中写道："路漫漫其修远兮，吾将上下而求索。"这句话表现了屈原对于真理的渴望和执着追求，也体现了屈原积极向上的态度和不断进取的精神。

随着时代的发展，技术日新月异，人工智能等新技术逐渐突破技术边界，与各行业深入融合。财务人员需要保持探索和学习的热情，不断深入挖掘新的知识和技能，探索新的业务模式和工具。只有通过不断学习和实践，提升自己的能力，才能适应不断变化的市场环境，把握更多的职业发展机会。

一、认识人工智能

（一）人工智能的定义

人工智能是指研究用计算机模拟人类智力活动的理论和技术，如归纳与演绎推理过程、学习过程、探索过程、理解过程、形成并使用概念模型的能力、对模型分类的能力、模式识别及环境适应、进行医疗诊断等。人工智能的研究领域包括机器人、语言识别、图像识别、自然语言处理和专家系统等。基于算法和大数据等的计算机技术是人工智能发展的基础。简单来说，人工智能就是利用计算机模拟人类的智能活动。因此，人工智能研究的一个主要目标是使机器能够胜任一些通常需要人类智能才能完成的复杂工作，并能以与人类智能相似的方式做出反应。

（二）人工智能的特征

人工智能的研究目的是促使智能机器人会听（语音识别、机器翻译等）、会看（图像识别、文字识别等）、会说（语音合成、人机对话等）、会思考（人机对弈、定理证明等）、会学习（机器学习、知识表示等）、会行动（机器人、自动驾驶汽车等）。[1]因此，人工智能具备以下特征。

---

[1] 谭铁牛. 人工智能的历史、现状和未来[J]. 求是，2019（4）：39-46.

（1）由人类设计，为人类服务，以计算为本质，以数据为基础。从根本上说，人工智能必须以人为本，按照人类设定的程序逻辑或软件算法进行工作，通过对数据进行采集、处理、分析和挖掘，形成有价值的信息流和知识模型，实现对人类期望的一些"智能行为"的模拟。

（2）能感知环境并产生反应，能与人类交互并与人类互补。人工智能系统能借助传感器等器件接收来自环境的各种信息，对外界输入产生文字、语音、动作等必要的反应，甚至影响环境或人类。借助按钮、键盘、鼠标、屏幕、手势、体态、表情、力反馈、虚拟现实/增强现实等，人类与机器之间可以交互，机器能够越来越"理解"人类乃至与人类共同协作、优势互补，人工智能系统能够帮助人类做人类不擅长、不喜欢的工作，而人类则适合去做更需要创造性、洞察力、想象力、灵活性、多变性或需要感情的一些工作。

（3）有自适应特性，有学习能力，有演化迭代，有连接、扩展。在理想情况下，人工智能系统具有一定的自适应特性和学习能力，即具有一定的随环境、数据或任务变化而自适应调节参数或更新、优化模型的能力；人工智能系统能够在此基础上通过与云端、人类、物体越来越广泛、深入的连接与扩展，实现机器客体乃至人类主体的演化迭代，使人工智能系统具有适应性、智能性、灵活性、可扩展性，以应对不断变化的现实环境，从而使人工智能系统在各行业得到广泛的应用。

（三）人工智能的发展及应用

人工智能诞生于 1956 年，在 60 余年的发展过程中，受限于计算方式、计算速度、存储水平等多方面因素，人工智能的应用发展历经了多次高潮和低谷，大致可划分为 3 个发展阶段。

（1）第一阶段（20 世纪 50 年代到 20 世纪 70 年代末）：在这一阶段，人工智能刚诞生，基于抽象数学推理的可编程数字计算机已经出现，但由于很多事物不能形式化表达，建立的模型存在一定的局限性。此外，随着计算任务的复杂性不断提升，人工智能发展一度遇到瓶颈。

（2）第二阶段（20 世纪 80 年代初到 20 世纪 90 年代末）：在这一阶段，专家系统得到快速发展，数学模型有重大突破，但由于专家系统在知识获取、推理能力等方面的不足，以及开发成本高等原因，人工智能的发展进入低谷期。

（3）第三阶段（21 世纪初至今）：随着数据的积聚、理论算法的革新、计算能力的提升，人工智能在很多应用领域取得了突破性进展，迎来了爆发期。

人工智能的 3 个发展阶段如图 1-1 所示。

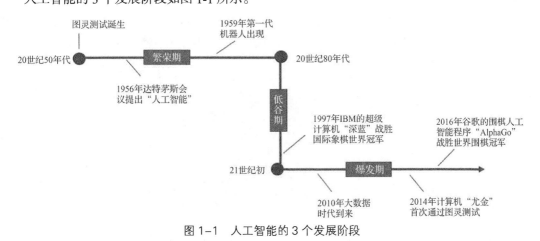

图 1-1　人工智能的 3 个发展阶段

自 1956 年提出人工智能的概念以来，经过 60 余年的发展，人工智能在理论研究及应用领域都已取得长足发展。尤其是近 30 年来，伴随计算机科学的迅速发展，人工智能在医疗、交通、教育、商业、信息安全等领域获得了广泛应用，并取得了丰硕的成果，如医疗诊断、地质勘探、机器人、语音识别、图像识别、自然语言处理和专家系统等。因此，人工智能和基因工程、纳米科学被誉为 21 世纪三大尖端技术，并成为推动人类进入智能时代的决定性力量。

清华大学发布的《中国人工智能发展报告 2018》显示，我国已经成为全球人工智能投融资规模最大的国家，国民对人工智能认知度高，超半数受访者支持其全面发展，但对于其风险，受访者最关心的是人工智能的就业替代问题。

人工智能自诞生以来，理论和技术日益成熟，应用领域也不断扩大。可以设想，未来的人工智能产品将会是人类智慧的"容器"，是人类处理复杂工作的"得力帮手"，也可能是人类就业替代的"潜在竞争对手"。

二、认识 RPA

（一）RPA 是什么

RPA（Robotic Process Automation）即机器人流程自动化，是一种新兴的智能程序软件工具。R（Robotic）、P（Process）和 A（Automation）的具体含义如图 1-2 所示。

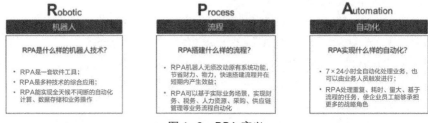

图 1-2　RPA 定义

我们认为，RPA 是指在不影响现有信息技术（Information Technology，IT）基础设施的基础上，通过模拟并增强人类与计算机的交互过程，融合现有的人工智能技术，实现工作流程的自动化处理的工具。

（二）RPA 能做什么

RPA 的核心是通过自动化、智能化技术来"替代"人类进行重复性、低价值、无须人工决策等固定性流程化操作，从而有效提升工作效率，减少错误。RPA 的基本功能如图 1-3 所示。

图 1-3　RPA 的基本功能

（三）RPA 的价值及优势

RPA 不仅可以模拟人类与计算机的交互过程，而且可以融合现有先进技术，比如语音识别、规则引擎、光学字符识别（Optical Character Recognition，OCR）、机器学习及人工智能等，通过组合数据检索与记录、图像识别与处理、平台上传与下载、数据处理与分析、信息监控与产出等功能来实现一系列流程自动化的目标。根据 RPA 的定义可知，RPA 实质是软件程序，不是实体机器人。设计 RPA 机器人运行脚本时，通常只需基于用户操作界面，通过设置、拖曳、组合软件中的组件等方式即可实现业务流程自动化，并且不会破坏企业原有的 IT 结构，因此 RPA 具有对企业现有系统影响小、基本不编码、实施周期短、对非 IT 背景的业务人员友好等功能特性。

同时，RPA 基于明确的规则和逻辑来代替人工执行耗时且重复的任务，在运行过程中，RPA 严格遵守程序规则设定，可以实现 7×24 小时不间断工作，因此 RPA 也具备准确度高、效率高、成本低等功能特性。

因此，基于 RPA 功能特性，其价值及优势如图 1-4 所示。

图 1-4　RPA 的价值及优势

（四）RPA 的发展及应用

1. RPA 的发展

随着企业核心业务的快速发展，业务范围和服务内容不断扩张，现代企业面临着诸多问题和挑战。同时，现代科技的发展与越来越激烈的竞争环境，也要求企业不断进行数字化转型，寻求新的发展机会。在众多数字化转型方案中，RPA 作为企业数字化转型的重要推动者，引起了行业和企业的广泛关注。

随着人工智能技术的发展和应用，RPA 在 OCR、文本理解和人机交互等方面取得了重大突破。RPA 能够模拟人工登录不同系统，通过自然语言处理（Natural Language Processing，NLP）、OCR 等人工智能技术实现跨系统的非结构化文本抽取、数据读写、数据交换等，不需要使用应用程序接口（Application Program Interface，API）做烦琐的系统改造工作。同时，RPA 应用的场景通常为大量重复（让 RPA 有必要）且规则明确（让 RPA 有可能）的业务流程。因此，只要符合 RPA 的场景特性，RPA 就几乎可以应用于任何行业的任何业务场景。

2. RPA 的应用

目前，RPA 的应用领域相当广泛，如财税、金融、物业、电子商务、地产、保险、医疗、制造、供应链、人力资源等各个行业均有相应的应用场景，在企业生产、经营、管理等各个环节发挥着重要作用。RPA 在部分行业中的应用场景如图 1-5 所示。

图 1-5　RPA 在部分行业中的应用场景

RPA 可以替代或协助人工完成高度重复、大批量、规则明确、逻辑性强的日常事务操作，为企业的战略发展提效、增速。当前人工智能技术的快速发展与数字化转型日渐高涨的呼声，正合力推动着企业加快生产力变革，改变现有工作方式，让越来越多的"机器人员工"上岗，赋能人类去完成更高价值的工作，实现人机协作的新工作模式。

根据安永对大中华区财富 500 强企业做的 RPA 调研报告，有 78% 的受访企业已开启 RPA 机器人进程，近七成企业表示希望扩大 RPA 机器人的应用规模。

德勤全球 RPA 调查报告显示，平均每个机器人提供了 20% 的全职人力工时，提升了 92% 的合规性，增强了 90% 的质量和准确性，提高了 86% 的生产率，降低了 59% 的成本。

RPA 相比其他数字化转型方案更具实践性和落地性，能够从企业不同层面出发，自下而上地帮助企业进行数字化转型，改变现有模式，为企业打造"数字劳动力"。

三、了解 RPA 机器人在财务转型中的应用

在数字化浪潮的席卷下，随着 A（Artificial Intelligence，人工智能）、B（Blockchain，区块链）、C（Cloud Computing，云计算）、D（Big Data，大数据）、E（Internet of Things，物联网）和 5G 等颠覆性技术的喷薄而出和广泛应用，数字化、智能化正成为驱动各行业转型升级的内生力量。

从 2017 年国际四大会计师事务所推出与审计、财务相关的 RPA 机器人，以及国内软件厂商如金蝶等推出与财务软件融合的小 K-RPA 机器人可以看出，智能财务离我们越来越近，人工智能与财务领域正在逐步融合，人工智能开始助力财务领域进行颠覆性的变革和创新。

从 2018 年开始，上海国家会计学院每年都会牵头组织国内龙头企业和行业的先行实践者召开智能财务高峰论坛，分享在智能财务领域的最新研究动态、前沿技术、最佳应用实践。通过每年一系列的成果分享，可以看到 RPA 机器人、电子支付、电子票据、电子档案等技术迈上新台阶；业务、财务融合得到信息系统的有力支持，财务数字化和智能化发展已成为业界普遍的共识，更多的企业迈入财务智能化的"快车道"。国内很多大中型企业的财务部门正在积

极尝试利用这些新兴技术促进财务工作向数字化转型，帮助企业提升经营能力、洞察商机并预测未来。

在财务转型中，RPA 机器人可以帮助财务团队更快、更准确地完成任务，从而提高企业的绩效和竞争力，越来越多的 RPA 机器人开始出现在财务领域的各个场景。

（1）财务数据处理 RPA 机器人：可以自动化处理财务数据，如凭证录入、发票匹配、账单付款等。

（2）财务报告 RPA 机器人：可以帮助财务人员生成财务报告，如资产负债、现金流量表和利润表等。

（3）预算规划和预测 RPA 机器人：可以自动化收集和分析数据，以帮助企业管理人员制订预算计划和预测未来的财务情况。

（4）账目核对 RPA 机器人：可以通过自动化比对账单和凭证来检查财务账目是否一致，这样可以减少错误和避免人工疏漏。例如，一些银行使用 RPA 机器人来检查账户余额和交易记录，以确保账目的准确性。

（5）采购订单处理 RPA 机器人：可以自动化处理采购订单，从而减少人力成本和时间开销。

（6）风险管理 RPA 机器人：可以帮助财务团队实现风险管理过程自动化，如审计和合规检查等。

（7）税务管理 RPA 机器人：可以实现税务管理过程自动化，如自动化纳税申报等。

目前，RPA 机器人在财务领域的部分应用场景如图 1-6 所示。

通过 RPA 机器人的应用，企业可以更加高效地管理财务数据，从而提高对财务数据的洞察能力和决策能力。同时，RPA 机器人还可以整合多个数据来源，生成实时的财务报告和分析结果，帮助企业及时掌握市场动态和业务状况，从而更加迅速地做出反应和调整。

费用报销	采购到付款	订单到收款	固定资产管理	存货到成本	总账到报表	税务管理	资金管理
报销单据接收	三单匹配	销售订单录入和变更	资产卡片管理	成本核算	会计分录	税金核对	银企对账
报销合规性审核	请款单处理	发票开具	资产变动管理	成本还原	标准记账分录处理	纳税申报	现金管理
自动付款	采购付款	返利管理	资产账龄分析	成本统计指标录入	往来清账	税会差异核对	收付款处理
财务处理及报告出具	供应商对账	客户对账与收款核销	折旧处理	成本与费用分摊	期末结转	涉税会计入账及调整	支付指令查询
OCR票据识别	供应商主数据维护	客户信用审核		财务处理	月末关账	代扣代缴税金	网银收付款、回单及对账单处理
	供应商资质审查	客户回款催缴书编制		报告出具	关联交易处理（自动冲销）	增值税发票OCR、开具、验真	票据操作入池处理
		客户主数据维护			内部往来对账、总账与明细对账等	涉税会计入账提醒	外汇处理
					报表编制与分析（合并报表）	进口关税采集汇总	资金账户流水对账单模板置换、导出、导入
					自动计提税金		

图 1-6　RPA 机器人在财务领域的部分应用场景

因此，以 RPA 机器人为代表的智能财务是企业财务未来转型发展的必然结果。可以借助人工智能形成企业财务和业务有机结合的整体智能化平台，使企业财务管理越来越数据化、互联网化、智能化，从而为企业提供多方面、多层次的管理分析和经营决策支持。

在智能财务时代，新技术可以帮助我们更加智能地完成工作，更加自主和自动地完成以前必须由人才能完成的工作。因此，我们必须清楚地认识到，未来将会有很大比例的财务基础工作会通过 RPA 等新技术完成。德勤的调查数据显示，到 2025 年，16%的复杂工作岗位将被 RPA 机器人与人工智能产品完全取代；50%的基于规则的简单工作岗位将被 RPA 机器人取代，且随着竞争压力不断加大，届时被取代的工作岗位将会更多。作为财务人员，应当积极地进行工作升级和转型，主动拥抱新技术，迎接智能财务时代的到来，主动成为智能财务的推动者和变革者。

 巩固与练习

1. 查阅相关资料，结合企业案例，用 PPT 演示 RPA 在企业业务环节中的部署情况。
2. 查阅相关资料，结合企业案例，用 PPT 演示 RPA 在业财税领域的作用和价值。

RPA 基础应用

学习目标

1. 了解 iS-RPA 设计器的概念和基本原理。
2. 熟悉 iS-RPA 设计器的基本界面和功能架构。
3. 掌握 iS-RPA 设计器的基础语法和基础组件应用。
4. 培养科学素养，能够不断探索新的领域和应用。

职业素养点拨

九层之台，起于累土

"九层之台，起于累土"这句名言出自老子的《道德经》。这句名言指出高大的建筑要从最底层开始建造，打好基础是整个工程的关键。学习一项新技术，同样需要不断积累和沉淀，从基础知识学起，逐步建立起自己的知识体系和技能体系。

任务一　认识 iS-RPA 机器人

一、iS-RPA 机器人简介

本书案例选用的是上海艺赛旗软件股份有限公司（以下简称"艺赛旗"）开发的 iS-RPA 机器人。艺赛旗是国内第一家从事 RPA 研究的厂商，2019—2022 年连续入选 Gartner "Hype Cycle" RPA 领域案例厂商。2021 年被国际数据公司（IDC）评为中国 RPA 软件市场领导者。2023 年国际知名 IT 研究与咨询顾问公司 Gartner 发布了 "Gartner RPA 客户之选"报告，在全球 13 家上榜企业中，艺赛旗以 4.8 分（满分 5 分）位列第一。

iS-RPA 机器人的特点如图 2-1 所示。

图 2-1　iS-RPA 机器人的特点

iS-RPA 机器人由控制台、设计器及机器人 3 个模块组成，如图 2-2 所示。每个模块具体的特点如表 2-1 所示。

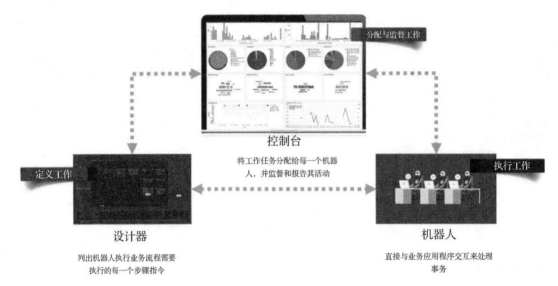

图 2-2　iS-RPA 机器人的构成

表 2-1　　　　　　　　iS-RPA 机器人 3 个模块的特点

模块名称	特点
设计器	采用高度可视化、低代码的流程设计平台，通过画布样式及拖曳式操作进行流程的设计开发及调试，使用当下智能化、自动化领域先进的 Python 语言编译，内置 OCR、CV、NLP 等多种人工智能技术，易学、易用，兼顾初学者及专业技术人员，敏捷、高效地设计和构建自动化流程
控制台	机器人管理控制平台，负责对机器人、流程生命周期的管控，以及任务的调度和制定，将工作任务分配给不同的机器人，对机器人工作过程进行监督、管理、控制；支持完整的多用户协作和多角色管理体系，支持完整的 API，支持集群及高可用搭建，支持录屏、监控及三联播放
机器人	执行自动化任务的机器人，如无须人工干预、7×24 小时自动执行任务的后台机器人，以及通过和人交互来协作完成任务的前台机器人

二、iS-RPA 机器人功能架构

iS-RPA 机器人的功能架构如图 2-3 所示。iS-RPA 机器人主要依托于使用高度可视化的设计器对业务流程进行设计、开发、配置，通过控制台对机器人、流程、任务、调度、版本、角色权限进行管理，将工作任务下发给机器人去执行许多预先制订的流程自动化方案，并模拟人工操作将重复、枯燥的工作自动化完成，从而提升工作效率、降低成本、提高合规性。

三、iS-RPA 机器人技术架构

设计器和机器人使用 C++ Qt 技术，编译语言为在人工智能、大数据、可视化、自动化等领域具有最佳实践的 Python 语言，采用自主研制的核心技术框架，信息安全、有保障。iS-RPA 机器人的技术架构如图 2-4 所示。

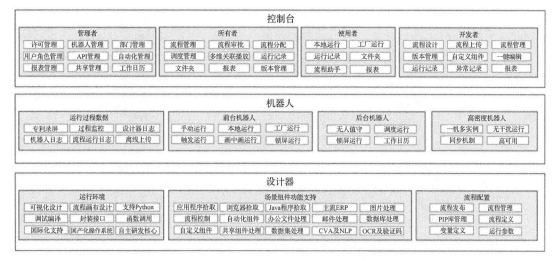

图 2-3 iS-RPA 机器人的功能架构

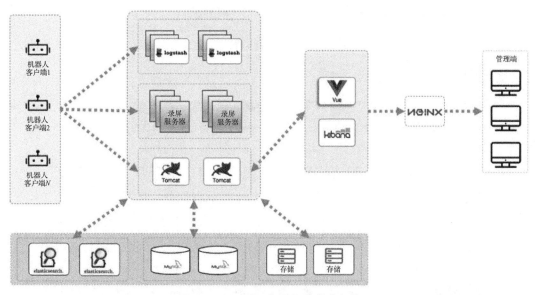

图 2-4 iS-RPA 机器人的技术架构

任务二 认识 iS-RPA 设计器界面

一、欢迎界面

安装了 iS-RPA 机器人应用程序之后，双击桌面上的 iS-RPA 设计器图标，系统首先会弹出欢迎界面。该界面包含历史工程、版本信息、工程操作区域，如图 2-5 所示。

（1）历史工程：展示最近打开的工程；双击工程名，可在设计器中直接打开工程；支持用键盘上的上、下方向键选中一个工程，按 Enter 键打开该工程，按 ESC 键退出此界面。

（2）版本信息：展示设计器的版本信息。

（3）工程操作：新建工程和打开历史工程。

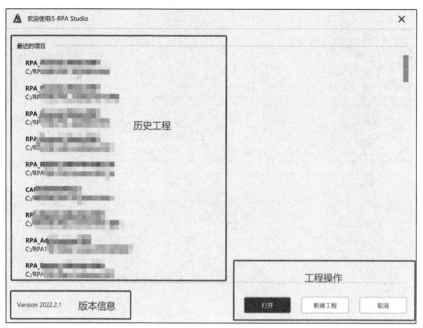

图 2-5　欢迎界面

二、新建工程界面

单击欢迎界面中的【新建工程】按钮，系统会跳转到新建工程界面，如图 2-6 所示。填写工程名称和保存路径，默认选择【空白工程】模板，单击【创建】按钮可创建一个新的工程，单击【取消】按钮则返回欢迎界面。

图 2-6　新建工程界面

> **注意**
> - 工程可使用数字、字母、下画线命名，但不能以数字开头或全部字符均为数字；
> - 工程不能使用 Python 关键字命名；
> - 保存路径不得含有中文。

三、设计器主界面

设计器主界面主要包括菜单栏、工具栏、工程组件区、流程设计区、属性设置区、信息展示窗口等，如图 2-7 所示。

（1）菜单栏：包括艺赛旗 ID、文件、编辑、运行、调试、工具、VCS、窗口、帮助等菜单。

（2）工具栏：包括打开文件、保存文件、预览、编译、Git 版本管理、运行调试及组件查找等工具按钮。工具栏中各按钮的具体介绍见任务三。

（3）工程组件区：单击【我的工程】按钮可显示工程下的所有流程和变量信息，单击【组件】按钮可显示所有组件，单击【我的工程】按钮可隐藏所有组件。

（4）流程设计区：采用面板及拖曳式的设计方式进行流程设计。

（5）属性设置区：用于显示和设置组件的属性。

（6）信息展示窗口：用于展示工程的编译、运行状态及信息。选中【控制台】，可以隐藏信息展示窗口并放大流程设计区。

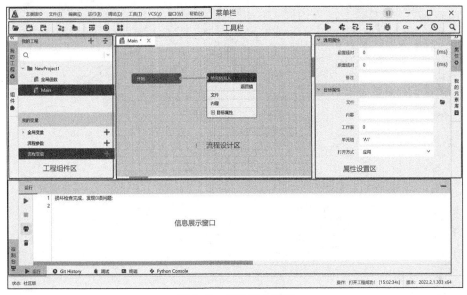

图 2-7　设计器主界面

任务三　了解 iS-RPA 设计器功能

一、工具栏

为了方便用户操作，iS-RPA 设计器将工具按钮放置于屏幕左右两侧，如图 2-8 所示。左侧包括打开文件、保存文件、全部保存和预览、编译等按钮，右侧包括运行模式选择、Git 版本管理和组件搜索等按钮。将鼠标指针停留在工具按钮上，系统会显示按钮的文字说明。

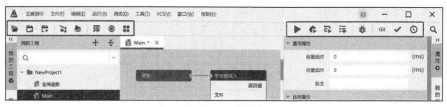

图 2-8　工具按钮概览

（一）预览与编译

1. 预览

单击【预览】按钮 ，可将所有流程全部展示于画布可见范围内，如图 2-9 所示。

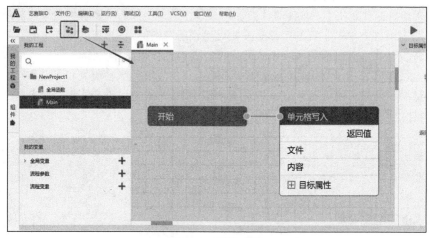

图 2-9　预览功能

2. 编译

单击【编译】按钮 ，可对当前工程进行编译，编译后生成 Python 代码，如图 2-10 所示。需要注意的是，没有进行连线关联的步骤，是不会生成 Python 代码的。

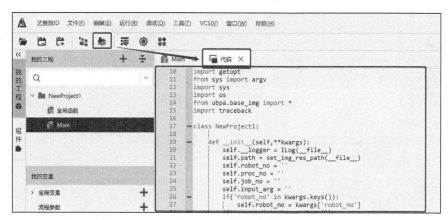

图 2-10　编译功能

（二）运行

1. 运行

单击【运行】按钮 ▶ 或者按 F5 键，将以主流程"Main"为入口运行 RPA 流程，如图 2-11 所示。

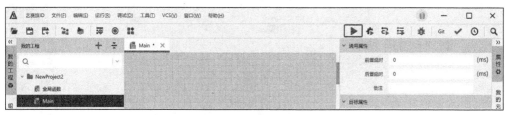

图 2-11　运行 RPA 流程

2. 只运行此组件

若只想运行流程中的某一个组件，如图 2-12 所示的【打开浏览器】组件，则选中该组件，单击【只运行此组件】按钮 或者按 F8 键，系统仅运行【打开浏览器】组件。

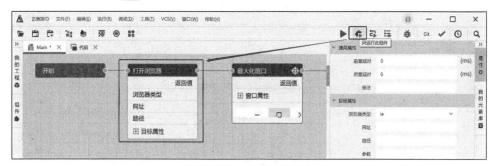

图 2-12　只运行此组件

3. 运行此流程

单击【运行此流程】按钮 或者按 F6 键，将以当前选择的流程为入口运行 RPA 流程。如图 2-13 所示，选择子流程"flow1"，单击【运行此流程】按钮 ，将只运行子流程"flow1"。

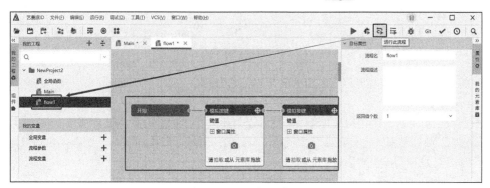

图 2-13　运行此流程

4. 从当前步骤运行

若选中某一个组件并单击【从当前步骤运行】按钮 或者按 F7 键，则会将当前流程所选的组件作为开始运行的入口，向后执行步骤。如图 2-14 所示，选中【模拟按键】组件，单击【从当前步骤运行】按钮 ，将以选择的【模拟按键】组件作为入口，开始运行后续组件及流程。

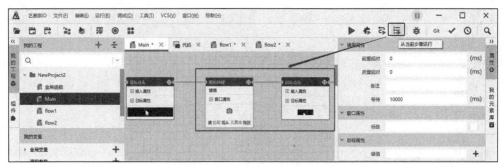

图 2-14　从当前步骤运行

> 💡 **说明**
>
> 选中某一个组件后单击鼠标右键，从弹出的快捷菜单（见图 2-15）中也可以选择运行模式，如【只运行此组件】或者【从当前步骤运行】。
>
>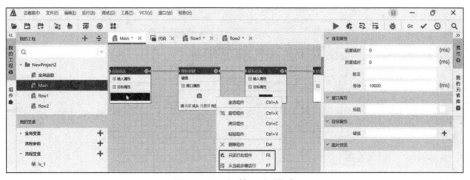
>
> 图 2-15　切换运行模式

二、工程组件区

工程组件区包括"我的工程"和"组件"两部分，下面分别对其进行详细介绍。

1. "我的工程"

"我的工程"主要涉及工程内的流程管理和变量管理。

（1）流程管理

流程管理指的是对工程中的主流程、子流程、业务导图及工程版本进行管理。

请注意，每个工程有且只有一个主流程（Main），但是可以添加多个子流程（名称自定义），且流程之间可以进行相互调用。

流程管理可以实现的主要功能有：

- 流程增、删、改、查操作；
- 流程分组，分组的增、删、改操作；
- 新增和浏览业务导图；

- 浏览项目，直接打开工程所在目录；
- 查看流程代码。

例如，选中工程"NewProject1"，单击鼠标右键，从弹出的快捷菜单（见图 2-16）中选择不同的命令即可实现上述操作。

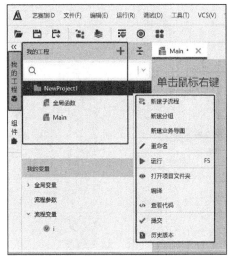

图 2-16　工程概览

（2）变量管理

变量管理指的是对工程中的变量进行管理和设置，支持变量区域范围调整（如按住鼠标左键向上拖动鼠标指针，可扩大"我的变量"面板范围），支持手动将变量拖至右侧画布，以及变量的增、删、改、查操作。

- 增加变量：单击变量右侧的 + 按钮可增加一个变量。
- 删除变量：选中一个变量，按 BackSpace 键可删除变量。如果该变量没有被组件引用，则会被直接删除；如果该变量被组件引用，则会提示确认信息（见图 2-17），以免误删。

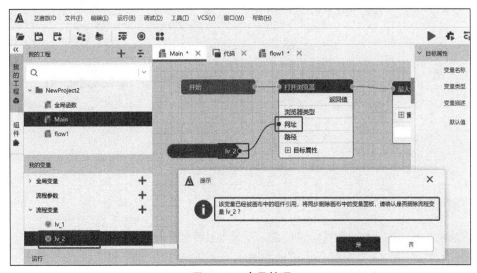

图 2-17　变量管理

2. "组件"

如图 2-18 所示，单击左侧导航栏中的【组件】按钮，可在搜索框内搜索所有内置组件，并且支持模糊搜索；单击组件左侧的 > 按钮，可以查看该类型的下级组件。

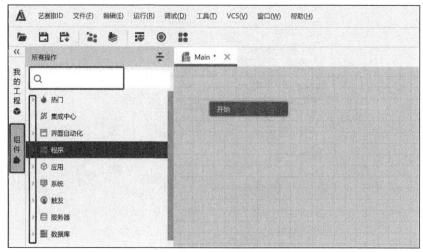

图 2-18　组件列表

任务四　掌握 iS-RPA 设计器基础组件应用

一、新增组件

如果流程需要新增组件，那么有两种实现方式：一是在组件区双击组件名称；二是在流程设计区用鼠标按住前一组件后方的连接点并向右拖，松开鼠标后系统会弹出一个组件选择浮框，搜索并选中某一组件，或直接从常用组件列表中选择，即可为流程增加该组件。具体如图 2-19 所示。

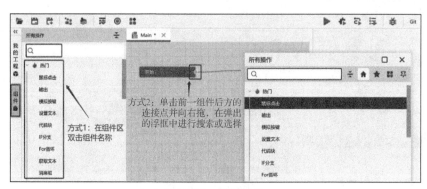

图 2-19　新增组件

二、拾取

拾取功能是 iS-RPA 设计器中最基本、使用量最多且最重要的功能。通过可视化组件中的拾取功能，用户可以拾取浏览器/服务器（Browser/Server，B/S）、客户机/服务器（Client/Server，C/S）应用程序界面中的元素，如按钮、文本框、下拉框、菜单等。拾取成功后，可通过可视化组件对界面元素进行相应的自动化操作。

以【鼠标点击】组件为例，其功能原理为模拟真实的鼠标单击事件。因此，须对要单击的事件进行定位，这样才能保证机器人在自动执行流程时能准确执行单击任务，而拾取功能对于协助定位十分重要。

（1）在浏览器中打开百度首页，如图 2-20 所示。

图 2-20　打开百度首页

（2）返回设计器，按住【开始】组件后的连接点向后拖，松开鼠标后系统会弹出一个组件选择浮框。如图 2-21 所示，在搜索框中输入"鼠标点击"，系统会自动定位到【鼠标点击】组件，选择该组件，即可在【开始】组件后添加一个【鼠标点击】组件。

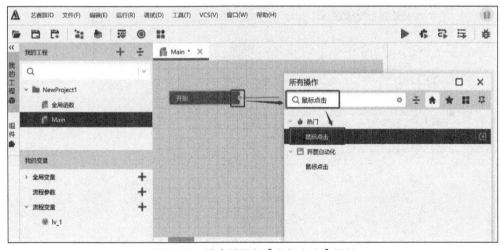

图 2-21　搜索并添加【鼠标点击】组件

（3）单击【鼠标点击】组件右上角的【拾取】按钮 ⊕（见图 2-22），设计器首先会最小化，并切回前一次操作的应用程序界面（如本例的百度首页）。

图 2-22　拾取功能

（4）切换到百度首页后，鼠标指针在页面移动时会出现蓝色拾取框。将鼠标指针悬浮在需要操作的页面元素上，待出现蓝色拾取框后，单击即可完成拾取操作。以拾取"新闻"链接为例，将蓝色拾取框移至"新闻"处并单击即可，如图 2-23 所示。

图 2-23　拾取定位

（5）拾取完成后，系统会自动切换回设计器界面。若组件下方显示有关元素的一系列属性，则代表拾取成功。以"新闻"为例，拾取成功后，【鼠标点击】组件的目标属性下会出现"新闻"的截图，如图 2-24 所示。

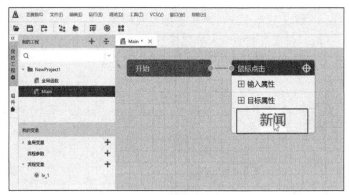

图 2-24　拾取结果显示

 注意

一般情况下，设计器会自动识别拾取元素所在的应用或系统类型，如有不准确之处，可通过功能键手动切换至拾取模式，如图 2-25 所示。

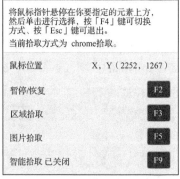

图 2-25　拾取模式切换

知识拓展

设计器还自带元素定位功能。例如，用【鼠标点击】组件的拾取功能进行元素拾取，当鼠标指针悬浮在需要操作的界面元素上时，可以看到屏幕上有一个悬浮提示框，提示框上方为放大后的元素。为了方便精准定位，会在悬浮提示框下方的黑色区域显示鼠标指针悬浮处的坐标、选择区域等信息。这些信息可以为后续操作提供参考。

例如，分别拾取百度首页的"地图"和"贴吧"元素，将鼠标指针分别悬浮在"地图"和"贴吧"元素的正中心，可以看到"地图"中心点的坐标约为[270-174]（计算机的分辨率不同，该坐标值会略有差异，以操作计算机实际显示的数值为准），"贴吧"中心点的坐标约为[355-174]，如图 2-26、图 2-27 所示。

图 2-26 拾取"地图"元素

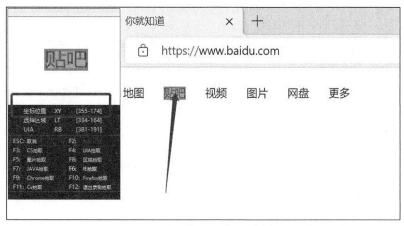

图 2-27 拾取"贴吧"元素

通过数据可以看出，"地图"和"贴吧"元素的页面高度一致，因此拾取的 y 轴定位数据都约为 174；而"地图"中心点的 x 轴数据约为 270，"贴吧"中心点的 x 轴数据约为 355，可以判断出"地图"与"贴吧"中心点的横向距离约为 355-270=85。因此，可以估计"贴吧"距"地图"元素的 x 轴偏移数据约为 85，当拾取元素为"地图"，同时"X 轴偏移"设置为 85 时，运行【鼠标点击】组件，则实际单击的是"贴吧"元素，执行流程为打开网站、点击"贴吧"和打开贴吧页面，具体属性设置如图 2-28 所示。

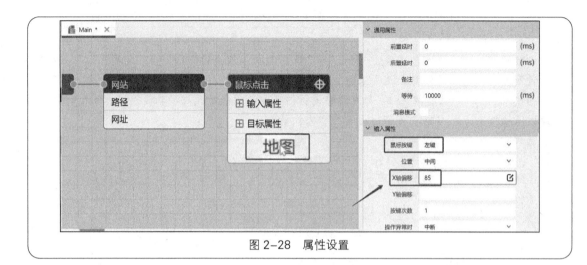

图 2-28　属性设置

三、基础组件应用

RPA 机器人流程设计中常用基础组件的功能特性如下。

- 【网站】：自动在浏览器中打开指定网站。
- 【最大化窗口】：如果窗口显示尺寸和设计时不一致，可使用该组件对窗口进行最大化操作。
- 【鼠标点击】：模拟真实的鼠标单击事件。
- 【模拟按键】：模拟真实的键盘敲击事件来完成按键输入。
- 【设置文本】：对拾取的输入组件设置文本内容。
- 【获取文本】：针对窗口页面拾取的元素，获取并返回元素中的文本。
- 【读取 Excel】：读取并返回指定 Excel 文件中的数据。
- 【单元格写入】：对 Excel 文件指定的某一个单元格进行数据写入操作。
- 【消息框】：弹出消息框。
- 【当前日期】：以指定格式返回当前日期，默认格式为%y-%m-%d，如 2024-01-01。
- 【IF 分支】：用于条件判断，条件满足（真）或不满足（假）时执行相应的操作步骤。
- 【For 循环】：遍历任何有序集合中的元素，如列表、字符串或 DataFrame 等，主要用于循环执行同样的步骤。
- 【While 循环】：用于循环执行某一流程或步骤，只要条件满足，就一直循环，直到条件不满足为止。
- 【Break 中断】：跳出循环，终止循环语句。
- 【Try 异常】：检测流程或步骤运行过程中的错误，从而捕获异常信息并进行相应的处理。
- 【dataframe 遍历】：通过 DataFrame.iterrows( )方法，对 DataFrame 数据逐行遍历，并将 DataFrame 的每一行迭代为键值对。

!!!提示

系统中内嵌了组件说明的链接，可通过以下两种方法跳转至相应的文档或视频说明页面。

方法一：单击 ▶ 按钮

在组件选择浮框中，当鼠标指针停留在某一组件上时，其后会显示一个 ▶ 按钮，单击该按钮，即可进入相应的组件说明页面，如图 2-29 所示。

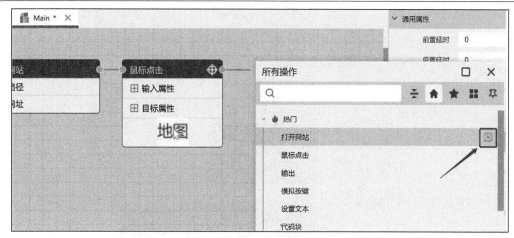

图 2-29　进入组件说明页面

方法二：选择"打开教程"命令

选择某一组件，单击鼠标右键，从弹出的快捷菜单中选择【打开教程】命令，即可查看该组件的相关说明，如图 2-30 所示。

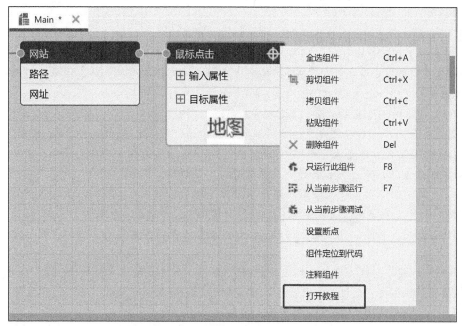

图 2-30　选择"打开教程"命令

以【网站】组件为例，选中该组件并单击鼠标右键，从弹出的快捷菜单中选择【打开教程】命令，系统将自动打开网页版的设计器使用手册，并自动定位到【网站】组件对应的内容页面。该页面包含【网站】组件功能的介绍，如有视频讲解，也可单击对应的教学视频跳转至播放页面。除了基础的功能说明，该页面也对组件的基本参数进行了介绍，如【网站】组件下"路径"和"网址"参数对应的含义和设置要求，如图 2-31 所示。

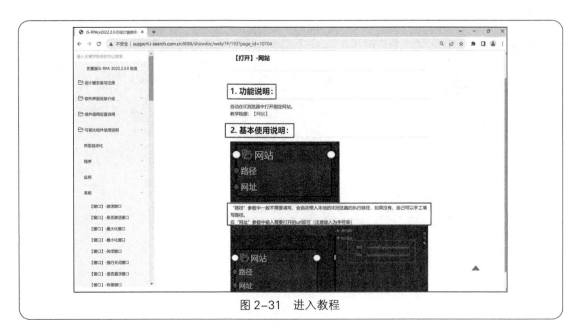

图 2-31 进入教程

动手练

为熟练掌握设计器组件特性及应用，请完成以下练习。

1. 在流程中依次增加【网站】【模拟按键】【获取文本】【读取 Excel】【消息框】【单元格写入】【For 循环】【Break 中断】【dataframe 遍历】等常用组件，并根据文档或视频讲解熟悉各组件的功能及应用。

2. 练习工程、子流程、组件，以及变量的新增、删除、重命名、调用、运行等操作。

3. 登录任意网页，练习可视化组件拾取操作，掌握使用快捷键切换拾取模式的方法。

4. 打开百度网站，以拾取"新闻"为例，熟悉【鼠标点击】组件的通用属性、输入属性、目标属性等不同设置的区别。例如，修改前置延时、后置延时、备注、等待、消息模式、x 轴和 y 轴偏移等，并思考什么时候使用延时、在什么情况下添加等待时间、添加多长时间合适等。

5. 设计一个 RPA 流程，要求能够自动登录百度网站，并查找"iS-RPA"相关资讯。请思考：需要用到哪些组件，每个组件应该如何设置，设计过程中有哪些易错点，模拟按键与设置文本有哪些区别。

6. 新增【网站】组件，可以看到默认路径为 IE 浏览器在本地计算机中的位置，如图 2-32 所示。若在目标属性下的"网址"参数处输入百度网址"https://www.baidu.com/"，单击【只运行当前组件】按钮，可看到 IE 浏览器自动打开百度网站。

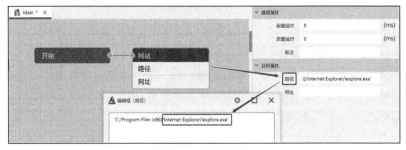

图 2-32 路径设置

若实际操作中想利用谷歌浏览器访问百度网站，可思考以下问题并逐步完成路径设置。

（1）如何找到谷歌浏览器在计算机中的保存地址？

（2）如果直接复制谷歌浏览器的保存地址到"路径"处，单击【运行】按钮能否成功打开网站？

（3）【网站】组件默认路径中 IE 浏览器的路径格式与直接复制的谷歌浏览器地址的格式有何区别？

（4）复制谷歌浏览器的保存地址后，如何修改格式才能利用谷歌浏览器打开网页？

> !!!提示
>
> "\\"在 Python 中具有转义作用，如"\\n"表示换行符，"\\b"表示退格符，"\\r"表示回车符。因此，在路径中粘贴含有"\\"字符的谷歌浏览器的保存地址是不符合 Python 语法规则的，需要将"\\"转换为"/"或者在保存地址前加"r"作为前缀（以"r"开头的 Python 字符串是 raw 字符串，其中的所有字符都不会被转义，因此可修改路径格式为"r'+谷歌浏览器在计算机中的路径+\\chrome.exe'"）。

7. 关于【读取 Excel】组件，通过操作实践回答以下问题。

（1）"文件路径"参数有几种设置方式？

（2）手动输入"文件路径"参数时，格式正确的是（　　）。

A. 'C:\\RPA1001\\Invoice_Inspection1001.xlsx'

B. 'C:/RPA1001/Bank_Statement1001/银行对账单.xlsx'

C. 'C:\\RPA1001\\Invoice_Inspection1001'

D. r'C:\\RPA1001\\Invoice_Inspection1001.xlsx'

（3）若想读取第 2 张工作表（sheet2），应该如何设置目标属性的参数？

（4）"header"参数具有什么功能？其默认值代表什么？

（5）"index_col"参数具有什么功能？该参数值设为"2"代表什么？

（6）自行查阅资料，思考"index_col"参数在财务工作中有哪些实际应用价值？

（7）若"usecols"参数设置为（0,2,6），则代表读取哪些数据？

8. 关于【dataframe 遍历】组件，通过操作实践回答以下问题。

（1）【dataframe 遍历】组件中的"index"参数与【读取 Excel】组件中的参数有什么关系？

（2）若要将图 2-33 中的"dataframe"值全部遍历输出，应该连接"index"与"键值"还是"row"与"键值"？

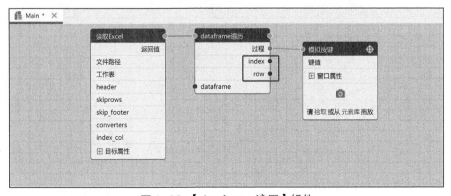

图 2-33 【dataframe 遍历】组件

任务五　学习 iS-RPA 设计器基础语法

一、数据类型

为了满足不同的业务需求，我们通常需要对数据进行划分，比如数学里面的正整数和负整数、奇数和偶数等都是根据数据的特性进行划分的。在 Python 中，同样根据业务需求将数据划分为 6 个标准类型，分别是数值（number）、字符串（str）、列表（list）、元组（tuple）、集合（set）、字典（dictionary）。数值又可细分为整型（int）、浮点型（float）、布尔型（bool）。iS-RPA 设计器运用的是 Python，其常用的数据类型如表 2-2 所示。

表 2-2　　　　　　　　　　　　常用的数据类型

数据类型	说明	示例
int	正整数、负整数或 0	15 000，-50，0
float	由整数部分与小数部分组成	4.5，-6.5
bool	只有 True、False 两种值	A=True
str	定义一个字符序列，用英文双引号或单引号括起来	"hello"，'RPA'
list	存储数据的容器，可以存放数值、字符串等基本数据，也可以存放元组、字典等高级数据。列表是可变序列，其中的元素可以修改。列表用[]标识，其中的值用英文逗号 "," 隔开	[1,2,4]，['a','b','c']，[1,'b',4]
tuple	与列表相似，但元组属于不可变序列，其中的元素不能被修改。元组用()标识	(1,2,'c')，(1,[1,2])
set	集合中的元素具有唯一、无序和不可修改的特点。集合用{}标识	{1,2,3}，{'银行存款','库存现金','应付账款'}
dictionary	字典中的元素必须包含键和值。键是唯一的，不能进行修改；值可以重复，并且可以修改。字典用{}标识，其中包括多个键值对，成对的键和值用英文冒号隔开	{'1001':'库存现金','1002':'银行存款'}

二、运算符

iS-RPA 常用的算术运算符如表 2-3 所示。

表 2-3　　　　　　　　　　　　常用的算术运算符

运算符	说明	示例
+	加	1+1 的结果为 2
-	减	2-1 的结果为 1
*	乘	2*3 的结果为 6
/	除	6/3 的结果为 2
**	幂	2**3 的结果为 8，即 2*2*2
//	取整除，向下取接近商的整数	9//2 的结果为 4
%	取余数	9%2 的结果为 1

iS-RPA 常用的比较运算符如表 2-4 所示。

表 2-4　　　　　　　　　　　　　　　常用的比较运算符

运算符	说明	示例
>	大于	如果 a=7、b=3，则 a>b 的结果为 True
<	小于	如果 a=7、b=3，则 b<a 的结果为 True
=	等于	如果 a=3、b=3，则 a=b 的结果为 True
!=	不等于，如果两个数不相等，则比较结果为真（True），否则比较结果为假（False）	如果 a=1、b=3，则 a!=b 的结果为 True
>=	大于等于	如果 a=7、b=3，则 a>=b 的结果为 True
<=	小于等于	如果 a=7、b=3，则 a<=b 的结果为 False
==	判断是否相等，如果两个数相等，则比较结果为真（True），否则比较结果为假（False）	如果 a=4、b=3，则 a==b 的结果为 False

iS-RPA 常用的逻辑运算符如表 2-5 所示。

表 2-5　　　　　　　　　　　　　　　常用的逻辑运算符

运算符	说明	示例
and	布尔"与"，等式两边同时为真，结果为真	True and False，返回 False
or	布尔"或"，等式两边一边为真，结果为真	True or False，返回 True
not	布尔"非"，取的是等式结果的相反值	not True 返回 False，not False 返回 True

三、判断语句

判断语句是 Python 中的一种条件语句。要了解判断语句，可以先假设以下场景，如图 2-34 所示。

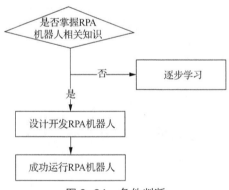

图 2-34　条件判断

可以看出，使用判断语句时，条件成立时执行某些代码，条件不成立时则不执行这些代码或执行其他代码。

在 iS-RPA 设计器中，可以使用【IF 分支】组件来进行条件判断。例如，在【IF 分支】组件中输入条件"1+1==2"，设置条件为真（True）时，消息框弹出"正确"；设置条件为假（False）时，消息框弹出"错误"。选中【IF 分支】组件，单击鼠标右键，从弹出的快捷菜单中选择【从当前步骤运行】命令。因为"1+1==2"的结果为真，所以可以看到运行结束后消息框弹出"正确"，如图 2-35 所示。

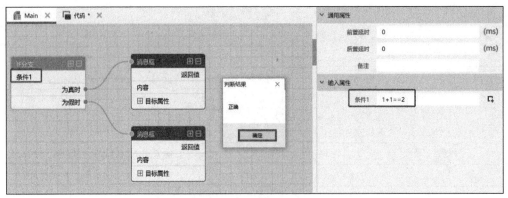

图 2-35　条件判断设置及运行结果

动手练

修改【IF 分支】组件的条件为"100%2!=0"，并设置结果为真时弹出消息框，标题为"判断结果"，内容为"正确"；结果为假时弹出消息框，标题为"判断结果"，内容为"错误"。运行该流程，并核查运行结果是否正确。

四、变量

变量，顾名思义是指可以变化的量，这里的量指的是实物的状态，如位置、高度、距离、年龄等。变量也可以理解为集合，不同的集合用于存储不同类型的数据，以方便后续直接引用。例如，用变量 aa 来存储银行账号，当流程中需要引用银行账号时，不用再逐一输入复杂的账号，直接引用变量 aa 即可，从而可以避免账号输入出错。

iS-RPA 设计器经常使用变量来存储、传递数据。在工程组件区，单击【我的工程】按钮，在【我的变量】区域内单击【流程变量】后的 ➕ 按钮，即可新增一个流程变量 aa，如图 2-36 所示。

图 2-36　新增变量

选中该流程变量，在界面右侧的【目标属性】中，变量类型通常选择"一般变量"，设置"默认值"可为变量赋值，例如为变量赋予数值、字符串（需要加单引号）、列表等，基本格式如下。

- 赋予数值，如 aa=12345。
- 赋予字符串，如 aa='RPA 机器人'。
- 赋予列表，如 aa=['张三','李四','王五']。

如果不进行赋值操作，则变量的初始值为 None（为空）。

业务场景 1：下面使用【获取文本】组件登录中国货币网，使用拾取功能获取"2021 年 12 月 31 日中国外汇交易中心受权公布人民币汇率中间价公告"的具体内容，如图 2-37 所示。

图 2-37 拾取定位

拾取成功后，新增【输出】组件，并将【获取文本】组件的"返回值"参数与【输出】组件的"输出"参数进行连接，表示输出并返回获取元素中的文本。然后选中【获取文本】组件，单击鼠标右键，从弹出的快捷菜单中选择【从当前步骤运行】命令，运行结果如图 2-38 所示。

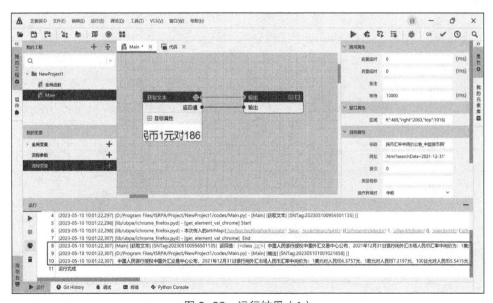

图 2-38 运行结果（1）

如果后续需要多次引用这段拾取的文本内容，可以用变量来存储。如新增变量 lv_1，拖曳"返回值"参数的连接点与变量 lv_1 进行连接，即可将通过【获取文本】组件拾取的文本内容赋值给变量 lv_1。此外，因为还要将这段文本内容进行输出，所以可将变量 lv_1 赋值给【输出】组件的"输出"参数，这样【输出】组件的输出来源就变为变量 lv_1。选中【获取文本】组件，执行【从当前步骤运行】命令，运行结果如图 2-39 所示。

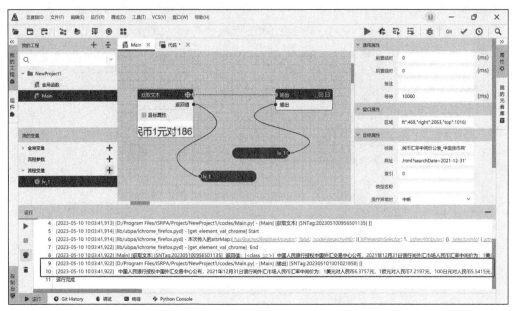

图 2-39　运行结果（2）

同理，将【输出】组件换为其他组件，或流程中其他环节的组件需要引用拾取的内容，均可对变量 lv_1 直接赋值。若将变量 lv_1 赋值给【单元格写入】组件的"内容"参数，则将变量 lv_1 与"内容"参数进行连接即可，如图 2-40 所示。

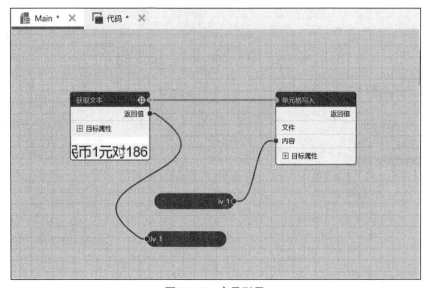

图 2-40　变量引用

此外，当拾取的数据是变化的值时，也可以使用变量来表示。

业务场景 2： 财务人员每天都需要登录中国货币网下载最新汇率，操作机械且重复，因此该任务可直接交给 RPA 机器人执行。利用 RPA 机器人每天自动登录中国货币网，查询、下载当日汇率，方便又准确。

基于上述场景描述，思考可能用到哪些组件，每个组件应该如何设置，设计过程中有哪些要点和易错点。

可参考如下步骤。

第一步，打开网页。

（1）拖曳【开始】组件后的连接点，新增【网站】组件。在【网站】组件的属性设置中，修改路径为谷歌浏览器在本地计算机中的路径 "r'+谷歌浏览器在计算机中的路径+\chrome.exe'"，设置网址为 "'https://www.chinamoney.com.cn/chinese/ccprnoticecontent/index.html?searchDate=2021-12-31'"。

> **注意**
>
> 网址前后须添加英文单引号。

（2）选中【网站】组件，单击鼠标右键，从弹出的快捷菜单中选择【只运行此组件】命令，RPA 机器人会自动打开网页，如图 2-41 所示。

图 2-41 自动打开网页

> **!!! 提示**
>
> 观察网页可以发现，网页地址栏中的日期与页面显示的公告发布日期一致，因此可以推断：当地址栏中的日期为当天日期时，RPA 机器人自动打开的网页为当日发布的公告页面。然而日期是一个变化量，如何在不需要人工改动网址日期的前提下让 RPA 机器人自动更新日期并执行后续操作呢？此时我们就可以借助变量，即用变量来存储日期。

第二步，获取当前日期并新增变量。

在【网站】组件前，新增【当前日期】组件。单击【流程变量】后的 ➕ 按钮，新增一个变量并命名为 date；然后将【当前日期】组件的"返回值"参数与变量 date 连接，此时运行【当前日期】组件所得到的日期都会存储到变量 date 中。运行【当前日期】组件，可看到返回值为当天日期，并且格式为字符串格式（str），如图 2-42 所示。

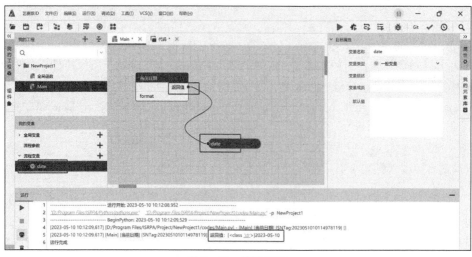

图 2-42　传递变量

第三步，将变量 date 赋值给【网站】组件的"网址"参数。

连接【当前日期】与【网站】组件，将【网站】组件的"网址"参数中的"2021-12-31"删除，并在后面增加"'+str(date)'"，代表这里的日期引用的是变量 date 存储的字符串。

修改并重新运行 RPA 设计器后打开的网页即为当天的公告网页，网址及运行结果如图 2-43 所示。

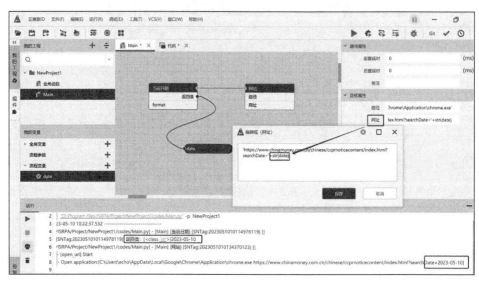

图 2-43　运行结果（3）

后续文本获取、输出等操作请自行设计、运行。

想一想

在该业务的实施过程中请思考以下问题。
（1）哪些环节可以使用变量？为什么？
（2）哪些属性的设置比较关键？
（3）设置前置延时与否对整个 RPA 流程有何影响？
（4）创建 Word 文件时如何命名文件更符合实际工作？
大致流程可参考图 2-44。

流程参考

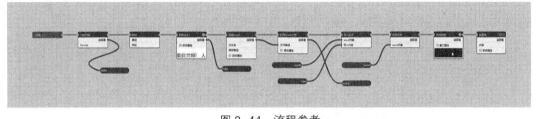

图 2-44　流程参考

五、While 循环

While 循环也称"条件循环"，是 Python 中的一种基本循环模式。当条件满足时，进入循环；进入循环后，当条件不满足时，跳出循环。

在财务领域中有很多运用 While 循环的业务场景，例如，财务主管要求出纳人员完成本月现金核对，检查实际数据是否与账目相符，如果不相符则继续核对，如果相符则停止。在 iS-RPA 设计器中，可以用【While 循环】组件来实现该业务。

在【While 循环】组件的属性设置中，"条件"参数为进行逻辑判定的条件语句，除了可以直接在空格内输入外，还可传入变量或从它处获取的返回值等。

运行【While 循环】组件时，组件会先判断条件是否为真。条件为真时进入 While 循环，执行需要重复处理的流程步骤；条件为假时则不进入 While 循环。

"循环过程"为在条件为真的情况下需要重复执行的流程，如图 2-45 所示。

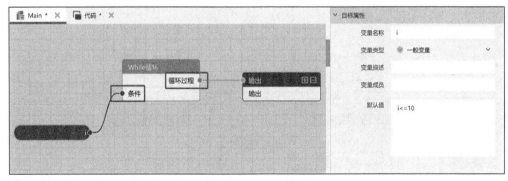

图 2-45　While 循环

例如，使用 While 循环，依次输出 50 以内（不含 50）的偶数。

在设计 RPA 流程之前，首先要明确输出的值必须小于 50 且为偶数，因此推测可能会用到【While 循环】组件与【IF 分支】组件。【While 循环】组件用来判断值是否小于 50，如果小于 50

则执行【IF 分支】组件。通过【IF 分支】组件来判断值是否为偶数，若为偶数则执行输出操作，若不为偶数则不执行操作。当值大于或等于 50 时，不再满足值小于 50 的 While 循环条件，因此跳出 While 循环，结束流程。

具体操作步骤如下。

（1）新增变量并命名为"i"，设置默认值为 1。

（2）新增【While 循环】组件，设置条件为"i<50"。

（3）新增【IF 分支】组件，用于判断变量 i 是否为偶数，将条件设置为"i%2==0"（判断变量 i 除以 2 的余数是否为 0）。

（4）新增【输出】组件，如果条件为"真"，则输出变量 i 的值，因此这里需要将变量 i 赋值给【输出】组件的"输出"参数，具体设置如图 2-46 所示。

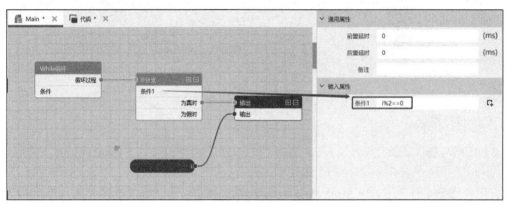

图 2-46　循环条件设置

当对变量 i=1 进行 IF 条件判断并执行输出后，需要对下一个数值是否满足 While 循环的条件进行判断，因此每一次循环，变量 i 的值都需要加 1。因此，在【IF 分支】右上角的连接点处新增【自加】组件，将变量 i 赋值给 x，将"返回值"设置为变量 i。对此可以理解为执行第一次输出操作后，变量 i 的值加 1，此时 i+1=1+1=2，同时 2 需要作为第二次 While 循环的条件变量，也即将"i+1"这个返回值重新赋值给变量 i，第二次进入 While 循环的 i=2，之后 While 循环判断 i=2 是否满足条件"i<50"，若满足则进行第二次 IF 条件判断并执行输出。全部设置完成后，流程如图 2-47 所示。选择【While 循环】组件，执行【从当前步骤运行】命令，可在信息展示区看到所有小于 50 的偶数。

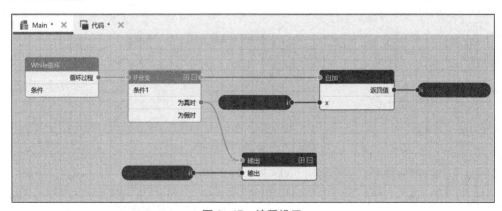

图 2-47　流程设置

六、For 循环

利用 For 循环可以遍历任何有序集合，如列表、字符串或 DataFrame 等。For 循环主要用于对同样的步骤进行循环处理。

在 iS-RPA 设计器中，可用【For 循环】组件进行流程控制，如图 2-48 所示。

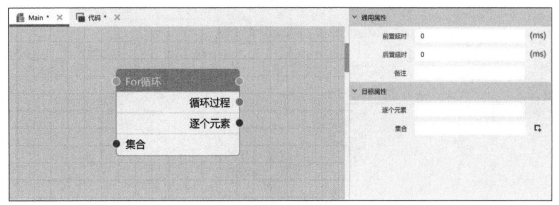

图 2-48　【For 循环】组件

【For 循环】组件中的"集合"参数表示待遍历的有序集合，如列表、元组、字符串等；在循环过程中，从"集合"参数内的第一个元素开始，依次将其赋值给"逐个元素"参数，每赋值一次，便执行一次"循环过程"后的步骤。

业务场景 3：财务人员登录上海证券交易所网站查询竞争对手的财务资讯，在操作过程中，财务人员首先要确定所有竞争对手的股票代码，然后在搜索栏中输入代码并单击【查询】，再进行相关数据的下载。

思路分析如下。

（1）在这个场景中，不同的股票代码即为一个"集合"，该集合的内容通常用变量来存储，如用变量 CompanyCode 来存储股票代码 600575、601456、600814、600882、600508、600268 等，如图 2-49 所示。

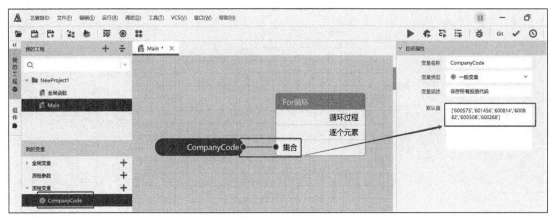

图 2-49　设置集合

（2）在具体操作过程中需要在搜索栏中输入公司股票代码，然后单击【查询】，再进行相关数据的下载，因此【For 循环】组件的"循环过程"需要连接【设置文本】【鼠标点击】等组件，如图 2-50 所示。

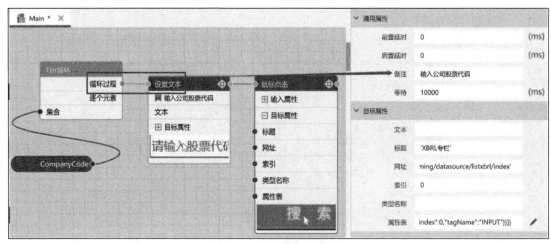

图 2-50　设置循环过程

（3）在循环开始后，"集合"会将其中的信息依次传递给"逐个元素"参数。例如变量 CompanyCode 的默认值为['600575', '601456', '600814', '600882', '600508', '600268']，在循环开始后，"集合"首先将"600575"传递给"逐个元素"参数，"逐个元素"参数再传递给【设置文本】组件的"文本"参数。RPA 设计器在执行【设置文本】组件时，会自动读取"文本"参数的信息并在搜索栏中填入股票代码"600575"，自动进行后续的操作。

（4）直至【设置文本】组件后续的组件均运行完成后，"集合"自动将第二个股票代码传递给"逐个元素"参数，"逐个元素"参数再传递给【设置文本】组件的"文本"参数，以此类推，形成元素的遍历循环。为实现元素的传递，操作时需将"逐个元素"参数与"文本"参数进行连接，如图 2-51 所示。

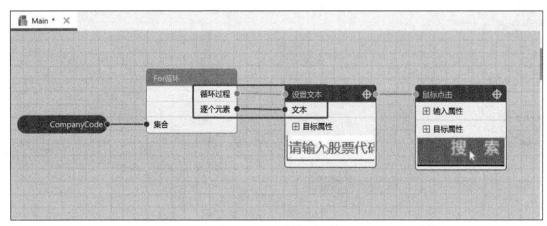

图 2-51　逐个传递元素

（5）当集合内所有元素依次循环的流程结束后，流程执行【For 循环】组件右上角连接点后的【消息框】组件，该组件用于提示流程结束，如图 2-52 所示。

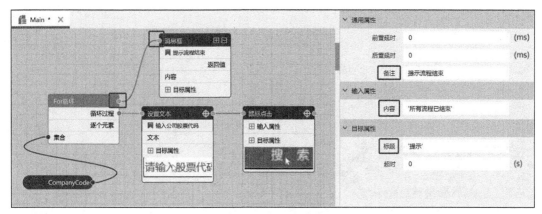

图 2-52 流程结束

 **巩固与练习**

1. 思考【For 循环】组件循环的次数取决于什么参数。

2. 使用【For 循环】组件，依次将 100 以内的奇数写入一个新建的 Excel 表格。思考需要用到哪些组件并完成流程设计与校验。

3. While 循环与 For 循环有何区别？什么时候用 While 循环，什么时候用 For 循环？请各举一个在财务场景中应用的例子。

第二部分

RPA 机器人设计与开发

RPA 税务应用——设计与开发发票验真机器人和开票机器人

1. 了解税务场景中常见的业务及业务流程。
2. 熟悉税务场景中 RPA 流程自动化的需求。
3. 掌握发票验真机器人和开票机器人的设计与开发方法。
4. 培养学生的诚信意识和合规意识，对待工作精益求精，不断提高工作效率和质量。

职业素养点拨

知行合一

我国明代思想家王阳明认为：知识与实践应该相结合，只有将知识应用到实际中，才能真正实现其价值。他提出"知行合一"的理念，强调在实践中体现知识，同时通过实践不断丰富和提升知识。

学习 RPA 的基础知识并掌握 RPA 设计器的基本应用方法后，需要将知识应用到实际情境中，只有这样才能真正发挥其作用，并产生实际效果。

任务一　设计与开发发票验真机器人

知识准备

发票是单位和个人在购销商品、提供或者接受服务及从事其他经营活动中，开具、取得的收付款凭证。发票不仅具有商事凭证的作用，而且具有完税凭证的作用。若企业收到发票后没有主动进行查验、发现问题发票，而使用假发票或其他问题发票入账，将属于企业税务责任，企业不仅需要作纳税调整，还可能受到罚款等处罚。因此企业在生成费用发票及收取员工报销发票时，须先进行发票真伪查验，防止假发票及问题发票入账，提前规避税务风险。

案例警示

某销售公司因为业务关系经常需要宴请客户，按照公司规定，若因正常业务招待产生招待费，销售员可以持有效发票进行实报实销。销售员小 A 为了获得更多经济利益，编造虚假招待并通过非法渠道购买发票来报销费用。当小 A 将通过非法渠道购买的发票递交公司财务后，公司财务按照税务管理要求对发票进行查验，验证结果显示小 A 递交的是问题发票。经公司财务部和法律合规部联合调查，查实小 A 虚构交易、非法购买发票并使用假发票的违法事实，公司当即开除小 A 并进行报警处理，小 A 也因此受到法律制裁。

任务场景

近些年税务部门对发票的监管强度越来越大，监管范畴划分得越来越细，企业对待发票也变得更加谨慎。为避免问题发票入账，给企业带来涉税风险，税务会计在发票归档前会逐张查验发票真伪、判断发票是否合规。

得益于技术的发展，在查验环节除了可以手动输入发票信息，还可以通过二维码扫描、电子文件（.xml、.ofd、.pdf）导入的方式实现查验，从而减轻了财务人员查验发票的工作负担。但是在纸质发票退出历史舞台前，企业每天依旧能收到大量纸质发票。通常情况下，税务会计将近期发票汇总、整理成 Excel 表格后，登录国家税务总局全国增值税发票查验平台（简称发票查验平台），如图 3-1 所示，手动输入发票代码、发票号码、开票日期、开具金额（不含税）等关键信息，逐张进行查验，并手动记录每次的查验结果。

图 3-1　全国增值税发票查验平台

面对每月成百上千的票据，税务会计愈发感到力不从心。单靠人工逐张查验不仅会占用大量工作时间，而且稍有不慎就可能出现漏查、错查的风险，严重影响后续账务及税务的处理。面对现有的发票查验流程，税务会计决定开发一个发票验真机器人来高效、准确地完成发票验真工作。

想一想

人工进行发票验真存在哪些弊端？

任务要求

设计一款发票验真机器人，协助企业财务部门高效、准确地完成发票验真工作，具体功能要求如下。

（1）自动登录发票验真平台。

（2）自动在发票 OCR 识别结果表中的 H1 单元格写入"验证结果"字样。

（3）自动读取发票 OCR 识别结果表中的发票信息。

（4）自动将读取的信息填写至发票查验平台并进行查验。

（5）自动判别查验结果。

（6）自动将查验结果记录至发票 OCR 识别结果表的"验证结果"列。

（7）自动提示查验结束。

试一试

　　手动打开发票查验平台，根据本任务配套案例数据，手动输入票据信息进行查验，体验人工进行发票查验的流程，观察查验过程中有哪些注意事项。

流程设计

根据任务场景和任务要求，发票验真机器人的流程设计如图 3-2 所示。

演示视频

输入	发票验真机器人运行流程	输出

```
            ┌─────────────┐
            │  单击【运行】  │
            └──────┬──────┘
                   ↓
            ┌─────────────┐
            │ 智能打开发票   │
            │  查验平台     │
            └──────┬──────┘
                   ↓
  智能读取      ┌─────────────┐
  发票OCR识   →│ 智能录入查验信息 │
  别结果表      └──────┬──────┘
                   ↓
            ┌─────────────┐      智能记录查验结果至
            │ 智能单击【查验】 │ →  发票OCR识别结果表
            └──────┬──────┘
                   ↓
  否           ◇智能判断遍历是否◇
  ←──────────◇   结束      ◇ ←
               ◇         ◇
                   │ 是
                   ↓
            ┌─────────────┐
            │ 智能结束查验   │
            └─────────────┘
```

图 3-2　发票验真机器人的流程设计

开发方案

发票验真机器人的开发方案如表 3-1 所示。

表 3-1　　　　　　　　　　　　发票验真机器人的开发方案

序号	任务环节	添加组件/新增变量
1	前期准备	新建文件夹
		数据准备
		新建工程
2	打开发票查验平台并在发票OCR识别结果表中添加"验证结果"列	添加【网站】组件
		在【网站】组件后添加【最大化窗口】组件
		在【最大化窗口】组件后添加【单元格写入】组件
		在【单元格写入】组件后添加【鼠标点击】组件
3	读取发票OCR识别结果表中的数据	在【鼠标点击】组件后添加【读取 Excel】组件
		在【读取 Excel】组件后添加【For 循环】组件
4	录入发票信息到发票查验平台	为【For 循环】组件的"循环过程"参数添加【类型转换】组件
		在【类型转换】组件后添加【replace】组件
		在【repalce】组件后继续添加【replace】组件
		在【repalce】组件后继续添加【replace】组件
		在【replace】组件后继续添加【模拟按键】组件
		在【模拟按键】组件后添加【模拟按键】组件
5	查验发票,并将查验结果记录至发票OCR识别结果表	在【For 循环】组件后添加【模拟按键】组件
		在【模拟按键】组件后添加【元素是否存在】组件
		在【元素是否存在】组件后添加【IF 分支】组件
		为【IF 分支】组件的"真"添加【单元格写入】组件
		为【IF 分支】组件的"假"添加【单元格写入】组件
6	提示用户,所有操作已结束	在【IF 分支】组件后添加【消息框】组件
7	运行调试并保存	运行调试流程并保存

任务实现

一、前期准备

1. 新建文件夹

在本地计算机 C 盘中新建文件夹,用来保存 RPA 机器人的所有资料。该文件夹的命名格式为"RPA+学号"。

打开"RPA+学号"文件夹,在该文件夹下新建子文件夹,命名格式为"Invoice_Inspection+学号"。以学号 1001 为例,文件夹层级如图 3-3 所示。

图 3-3 文件夹层级（发票验真机器人）

2. 数据准备

下载本项目配套资源文件"发票 OCR 识别结果表-单条数据"，保存至"Invoice_Inspection+学号"文件夹，并将文件重命名，格式为"发票 OCR 识别结果表-单条数据+学号"。以学号 1001为例，设置好的文件名称及文件路径如图 3-4 所示。

图 3-4 文件名称及文件路径（发票验真机器人）

3. 新建工程

打开 iS-RPA 设计器，单击【新建工程】按钮，新建一个工程并命名，命名格式为"RPA_Invoice_Inspection+学号"，保存路径格式为"C:/RPA+学号/Invoice_Inspection+学号"。单击【创建】按钮，进入 iS-RPA 设计器主界面。以学号 1001 为例，新建工程的名称及保存路径如图 3-5 所示。

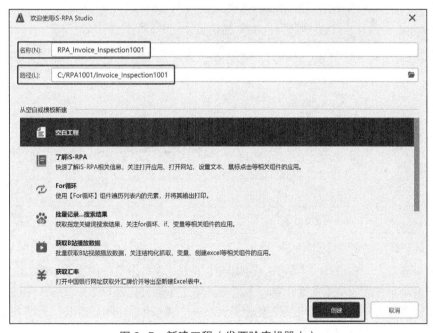

图 3-5 新建工程（发票验真机器人）

二、打开发票查验平台并在发票 OCR 识别结果表中添加"验证结果"列

1. 添加【网站】组件

在流程设计区的【开始】组件后通过拖曳方式添加【网站】组件。设置【网站】组件通用属性中的"备注"为"打开发票查验平台";设置目标属性中的"路径"为谷歌浏览器在本地计算机上的存放地址（路径格式为"r'+谷歌浏览器在本地计算机中的路径+\chrome.exe'"），"网址"为发票查验平台的网址"http://ip:端口/KtpSimple/invoice-valid/portal"。具体设置如图 3-6 所示。

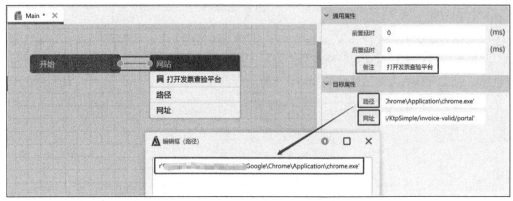

图 3-6 【网站】组件的属性设置（发票验真机器人）

选中【网站】组件，单击鼠标右键，从弹出的快捷菜单中选择【只运行此组件】命令，可以看到 iS-RPA 设计器自动以谷歌浏览器打开了国家税务总局全国增值税发票查验平台的模拟网页，如图 3-7 所示。

图 3-7 运行【网站】组件的结果

2. 添加【最大化窗口】组件

如果窗口显示尺寸和设计时不一致，可使用【最大化窗口】组件进行窗口最大化的操作。

在【网站】组件后添加【最大化窗口】组件。单击【最大化窗口】组件右上角的【拾取】按钮⊕，先按 F2 键暂停拾取，调出发票查验平台页面，再按 F2 键恢复拾取，框选发票查验平台页面。

拾取完成后，设置【最大化窗口】组件通用属性中的"前置延时"为"200"，"备注"为"使网页窗口最大化"，如图 3-8 所示。

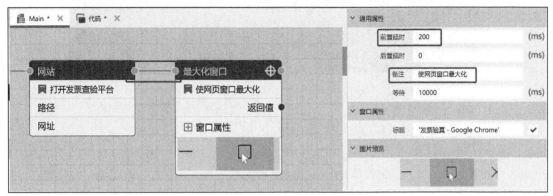

图 3-8　【最大化窗口】组件的属性设置（1）

3. 添加【单元格写入】组件

为了更直观地在"发票 OCR 识别结果表"中体现查验结果，可以在该表最后新增一个"验证结果"列。本任务中，我们设置"AG"列为"验证结果"列，并将"AG1"单元格命名为"验证结果"。

在【最大化窗口】组件后添加【单元格写入】组件，设置【单元格写入】组件通用属性中的"前置延时"为"200"，"备注"为"在发票 OCR 识别结果表中添加验证结果列"；设置目标属性中的"文件"为"C:/RPA1001/Invoice_Inspection1001/发票 OCR 识别结果表-单条数据 1001.xlsx"，"内容"为"验证结果"，"单元格"为"AG1"，"打开方式"为"应用"。

【单元格写入】组件的属性设置如图 3-9 所示。

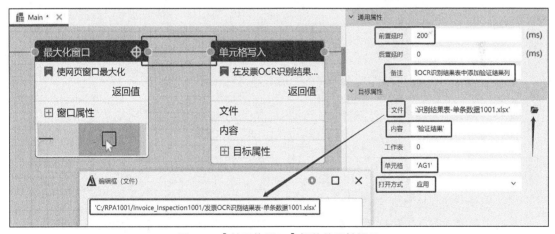

图 3-9　【单元格写入】组件的属性设置

4. 添加【鼠标点击】组件

在【单元格写入】组件后添加【鼠标点击】组件。单击【鼠标点击】组件上的【拾取】按钮⊕，先按 F2 键暂停拾取，调出发票查验平台页面，再按 F2 键恢复拾取，拾取【发票代码】输入框，如图 3-10 所示。

图 3-10　拾取定位

拾取成功后系统会自动回到 iS-RPA 设计器界面，设置【鼠标点击】组件通用属性中的"前置延时"为"200"，"备注"为"将光标定位至'发票代码'输入框"，如图 3-11 所示。

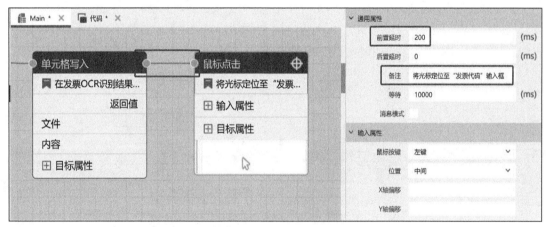

图 3-11　【鼠标点击】组件的属性设置（1）

◇ 想一想

（1）为何在此处增加【鼠标点击】组件，能否对其位置进行调整？

（2）【鼠标点击】组件对后续的哪个组件起辅助作用？能否删除【鼠标点击】组件并将后续的组件替换为其他组件？

三、读取发票 OCR 识别结果表中的数据

1. 添加【读取 Excel】组件

在【鼠标点击】组件后添加【读取 Excel】组件，设置【读取 Excel】组件通用属性中的"前

置延时"为"200","备注"为"读取发票 OCR 识别结果表中所需列数据";设置目标属性中的"文件路径"为"'C:/RPA1001/Invoice_Inspection1001/发票 OCR 识别结果表-单条数据 1001.xlsx'","header"为"1","usecols"为"[2,3,4,21]"。

【读取 Excel】组件的属性设置如图 3-12 所示。

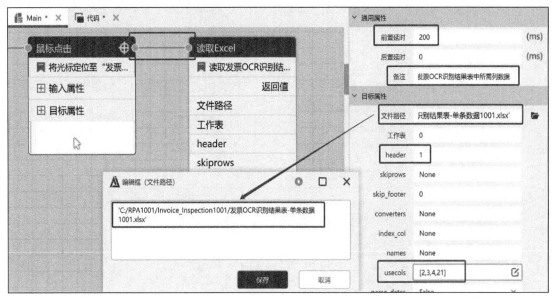

图 3-12　【读取 Excel】组件的属性设置（1）

选中【读取 Excel】组件，单击鼠标右键，从弹出的快捷菜单中选择【只运行此组件】命令，其运行结果如图 3-13 所示。

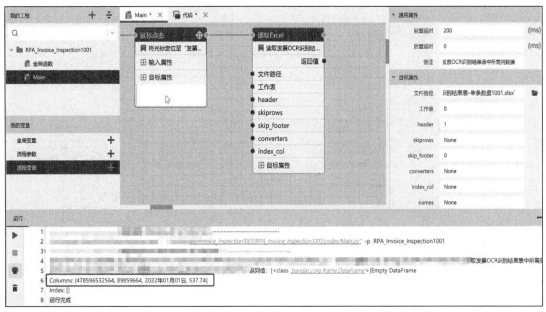

图 3-13　【读取 Excel】组件的运行结果

2. 添加【For 循环】组件

在【读取 Excel】组件后添加【For 循环】组件，设置【For 循环】组件通用属性中的"前置延时"为"500"，"备注"为"逐个输出发票元素"。

连接【For 循环】组件下的"集合"与【读取 Excel】组件下的"返回值"，将【读取 Excel】组件读取的数据传递给【For 循环】组件并逐个输出，以方便后续在发票查验平台逐个填入字段。【For 循环】组件的属性设置如图 3-14 所示。

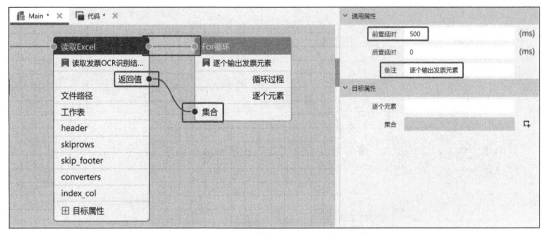

图 3-14 【For 循环】组件的属性设置（1）

四、录入发票信息到发票查验平台

1. 添加【类型转换】组件

为【For 循环】组件的"循环过程"添加【类型转换】组件，设置【类型转换】组件通用属

性中的 "备注" 为 "数据类型转换"；设置目标属性中的 "目标类型" 为 "str"；连接【类型转换】组件下的 "转换对象" 与【For 循环】组件下的 "逐个元素"。【类型转换】组件的属性设置如图 3-15 所示。

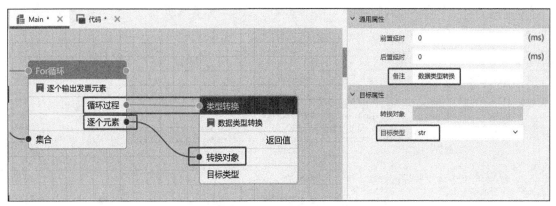

图 3-15 【类型转换】组件的属性设置

> **？ 想一想**
>
> 【类型转换】组件为何与【For 循环】组件下的 "循环过程" 相连？若将其与【For 循环】组件右上角的连接点相连会是怎样的运行结果？

2. 添加【replace】组件

在【类型转换】组件后添加【replace】组件，设置【replace】组件通用属性中的 "备注" 为 "删除数据中的 '年' 字符"；设置目标属性中的 "old" 为 "年"，"new" 为 ""；连接【类型转换】组件下的 "返回值" 与【replace】组件下的 "string"。【replace】组件的属性设置如图 3-16 所示。

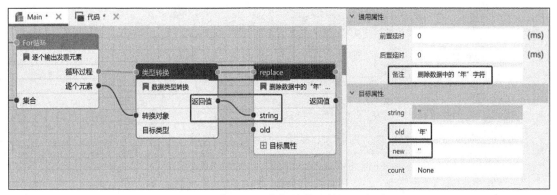

图 3-16 【replace】组件的属性设置（1）

> **？ 想一想**
>
> 【replace】组件前为何要添加【类型转换】组件？若去掉【类型转换】组件，直接将【For 循环】组件与【replace】组件相连，能否成功运行？若不能，原因是什么？

3. 继续添加【replace】组件

在【repalce】组件后再添加一个【replace】组件,设置【replace】组件通用属性中的"备注"为"删除数据中的'月'字符";设置目标属性中的"old"为"'月'","new"为"''";连接第 2 个【replace】组件下的"string"与第 1 个【replace】组件下的"返回值"。第 2 个【replace】组件的属性设置如图 3-17 所示。

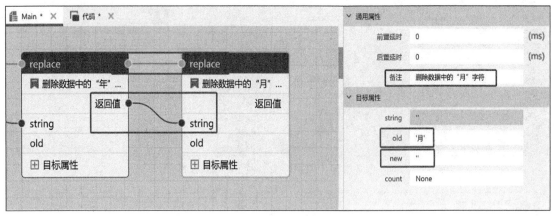

图 3-17 【replace】组件的属性设置(2)

4. 继续添加【replace】组件

在【repalce】组件后继续添加【replace】组件,设置该【replace】组件通用属性中的"备注"为"删除数据中的'日'字符";设置目标属性中的"old"为"'日'","new"为"''";连接第 3 个【replace】组件下的"string"与第 2 个【replace】组件下的"返回值"。第 3 个【replace】组件的属性设置如图 3-18 所示。

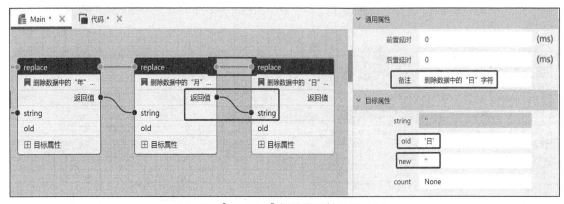

图 3-18 【replace】组件的属性设置(3)

5. 添加【模拟按键】组件

在第 3 个【replace】组件后添加【模拟按键】组件,设置【模拟按键】组件通用属性中的"前置延时"为"200","备注"为"模拟输入发票信息";连接第 3 个【replace】组件下的"返回值"与【模拟按键】组件下的"键值"。【模拟按键】组件的属性设置如图 3-19 所示。

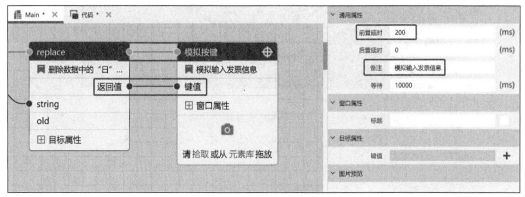

图 3-19 【模拟按键】组件的属性设置（1）

想一想

此处【模拟按键】组件是否可用【热键输入】组件替代？

6. 继续添加【模拟按键】组件

在【模拟按键】组件后再添加一个【模拟按键】组件，设置新增【模拟按键】组件通用属性中的"前置延时"为"200"，"备注"为"模拟 Tab 键功能，将光标移至下一输入框"；设置目标属性中的"键值"为"'{TAB}'"。第 2 个【模拟按键】组件的属性设置如图 3-20 所示。

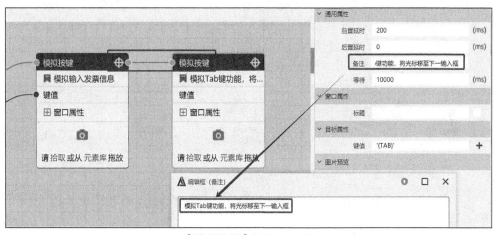

图 3-20 【模拟按键】组件的属性设置（2）

想一想

图 3-20 中第一个【模拟按键】组件是否可用【设置文本】组件替代？为什么？

7. 运行流程

上述流程搭建完成后，单击【运行】按钮；或选中【网站】组件，单击鼠标右键，从弹出的快捷菜单中选择【从当前步骤运行】命令。若流程设计无误，则运行过程不会报错，并能成功将 Excel 文件中的数据正确填写到发票查验平台，如图 3-21 所示。

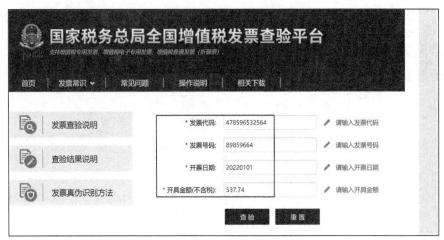

图 3-21　流程运行结果（1）

五、查验发票并将查验结果记录至发票 OCR 识别结果表

1. 添加【模拟按键】组件

在发票查验平台逐行输入发票代码、发票号码、开票日期、开具金额（不含税）4 个字段信息后，流程会跳出【For 循环】组件元素逐个传递的循环过程，单击【查验】按钮或者按 Enter 键进行发票查验。

单击【查验】按钮或模拟敲击 Enter 键的操作可以由【模拟按键】组件执行。因此，在【For 循环】组件右上角的连接点后添加【模拟按键】组件，设置【模拟按键】组件通用属性中的"前置延时"为"500"，"备注"为"对发票进行查验"；设置目标属性中的"键值"为"'{ENTER}'"。【模拟按键】组件的属性设置如图 3-22 所示。

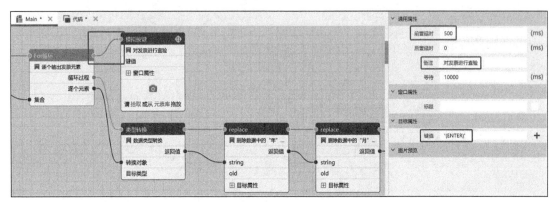

图 3-22　【模拟按键】组件的属性设置（3）

> ◇ 想一想
>
> 该【模拟按键】组件是否可用其他组件替代？请举例说明。

2. 运行流程

单击【运行】按钮；或选中【网站】组件，单击鼠标右键，从弹出的快捷菜单中选择【从当前步骤运行】命令。若流程设计无误，则运行过程不会报错，并能成功单击【查验】按钮，呈现查验明细，如图3-23所示。

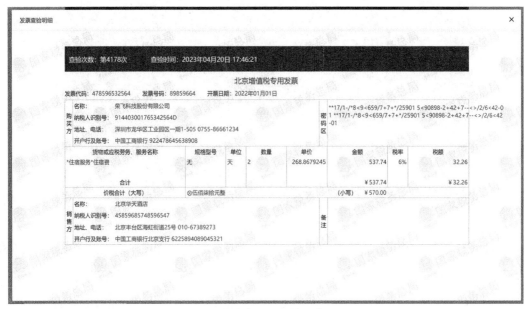

图3-23　流程运行结果（2）

手动单击查验明细页右上角的【关闭】按钮，如图3-24所示。

图3-24　手动单击【关闭】按钮

修改查验信息输入页面中的某一字段，如将开具金额（不含税）从537.74改为537.7，然后手动单击【查验】按钮，可见平台提示"票据不存在！"，如图3-25所示。

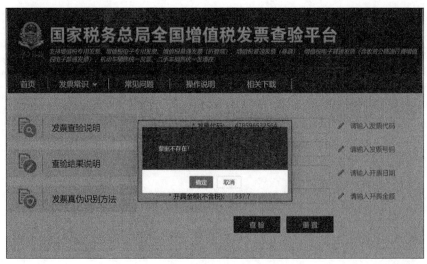

图 3-25　平台提示

通过对比两种查验结果可知，若平台弹出查验明细页，说明该票据信息正确且在税务局有备档；若平台弹出"票据不存在！"，则说明在发票查验平台上查询不到信息匹配的票据，该发票可能是假发票。因此，可用两个页面中的固定元素来判定票据的真伪。通过观察，若是真发票，平台每次弹出的查验明细页左上方均会出现"发票查验明细"字样（见图 3-26），可用来进行条件判断，若能在页面中找到该字样，则说明发票是真发票；若在页面中找不到该字样，则发票为问题发票。

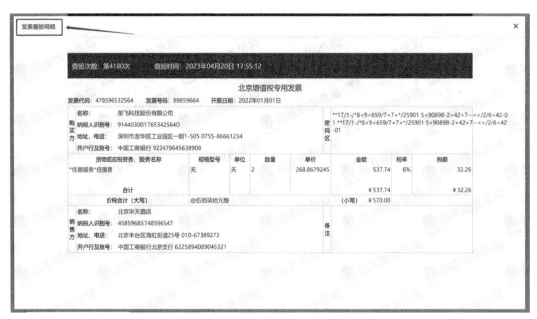

图 3-26　条件判断元素——"发票查验明细"

3. 添加【元素是否存在】组件

在【模拟按键】组件后添加【元素是否存在】组件，单击【元素是否存在】组件上的【拾取】按钮，框选发票为真时查验明细页上的"发票查验明细"字样，拾取界面如图 3-27 所示。

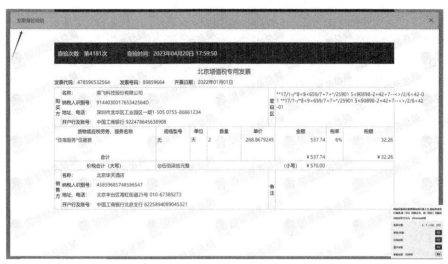

图 3-27　拾取"发票查验明细"字样

拾取完成后，设置【元素是否存在】组件通用属性中的"前置延时"为"500"，"备注"为"拾取'发票查验明细'字样"，用于判断发票真假，"等待"为"500"，如图 3-28 所示。

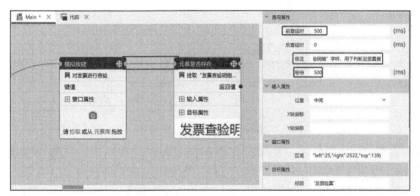

图 3-28　【元素是否存在】组件的属性设置

4. 添加【IF 分支】组件

在【元素是否存在】组件后添加【IF 分支】组件，设置【IF 分支】组件通用属性中的"前置延时"为"500"，"备注"为"判断发票真假"；连接【元素是否存在】组件下的"返回值"与【IF 分支】组件下的"条件 1"。元素存在为真，不存在则为假。【IF 分支】组件的属性设置如图 3-29 所示。

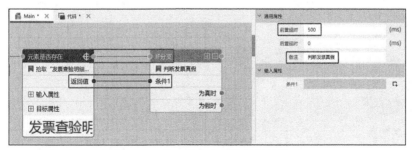

图 3-29　【IF 分支】组件的属性设置

5. 添加【单元格写入】组件（为真时）

若元素存在，则 RPA 机器人在"发票 OCR 识别结果表"中对应发票的识别结果处填写"真"。向后拖曳【IF 分支】组件的"为真时"，添加【单元格写入】组件。设置【单元格写入】组件通用属性中的"前置延时"为"200"，"备注"为"在发票 OCR 识别结果表的'验证结果'列中写入结果'真'"；设置目标属性中的"文件"为"'C:/RPA1001/Invoice_Inspection1001/发票 OCR 识别结果表-单条数据 1001.xlsx'"，"内容"为"真'"，"单元格"为"'AG2'"，"打开方式"为"应用"。

> 说明
>
> 这里的文件路径为"发票 OCR 识别结果表"在本地计算机上的路径，可以单击"文件"输入框右边的文件标识进行选择。

此时，【单元格写入】组件的属性设置如图 3-30 所示。

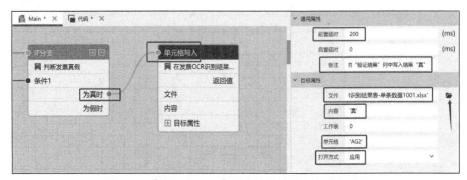

图 3-30 【单元格写入】组件的属性设置（为真时）

6. 添加【单元格写入】组件（为假时）

向后拖曳【IF 分支】组件的"为假时"，添加【单元格写入】组件。设置【单元格写入】组件通用属性中的"前置延时"为"200"，"备注"为"在发票 OCR 识别结果表的'验证结果'列中写入结果'假'"；设置目标属性中的"文件"为"'C:/RPA1001/Invoice_Inspection1001/发票 OCR 识别结果表-单条数据 1001.xlsx'"，"内容"为"假'"，"单元格"为"'AG2'"，"打开方式"为"应用"。

此时，【单元格写入】组件的属性设置如图 3-31 所示。

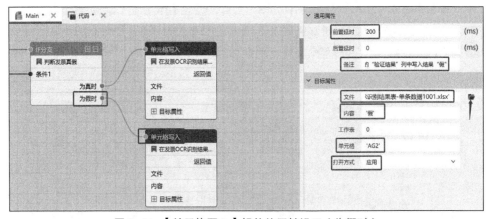

图 3-31 【单元格写入】组件的属性设置（为假时）

六、提示用户流程结束

在【IF 分支】组件后添加【消息框】组件，用来提示用户所有操作已结束。设置【消息框】组件通用属性中的"前置延时"为"500"，"备注"为"提示用户所有操作已结束"；设置输入属性中的"内容"为"所有发票均已验证成功，验证信息已写入发票 OCR 识别结果表，请查看！"；设置目标属性中的"标题"为"提示！"。【消息框】组件的属性设置如图 3-32 所示。

图 3-32　【消息框】组件的属性设置（1）

七、运行调试并保存

单击工具栏中的【运行】按钮，工程运行后网页会自动弹出已完成查验的提示信息，如图 3-33所示。

单击提示框中的【确定】按钮后，可见设计器控制台提示"运行完成"，且"发票 OCR 识别结果表"的单元格"AG2"中写入了验证结果"真"。确认流程无误后，单击【保存】按钮保存该工程。

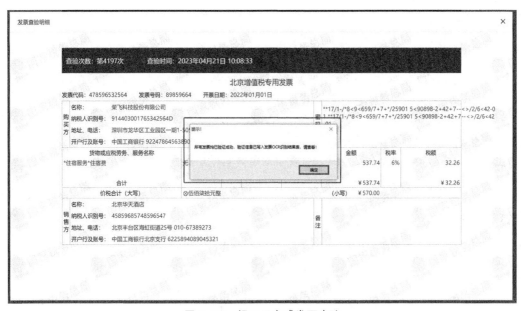

图 3-33　提示已完成发票查验

任务二 设计与开发开票机器人

知识准备

《中华人民共和国发票管理办法》第十八条规定，销售商品、提供服务及从事其他经营活动的单位和个人，对外发生经营业务收取款项，收款方应当向付款方开具发票；特殊情况下，由付款方向收款方开具发票。

1994 年税制改革刚推行的时候，开具发票只有两种形式，一种是手写发票，一种是定额发票。经过数十年发展，发票逐渐摆脱了对纸张的依赖。随着发票载体的不断演进，财务人员在处理发票的方式上也发生了变化，尤其是开票方式，从人工填写纸质发票发展到机打发票，再到如今的全电发票，这一系列变革不仅增强了企业发票的规范管理，还提高了发票的处理效率。

任务场景

发票的开具是实现其使用价值、反映经济业务活动的重要环节。开票信息是否真实、完整、准确，直接关系到能否达到发票管理的预期目的。

根据规定，开具发票应当按照规定的时限、顺序，逐栏、全部联次一次性如实开具。不符合规定的发票，不得作为财务报销凭证。

在企业实际经营过程中，财务人员通常根据销售记录表给对应客户开具发票。开具过程中，需要逐张填写购买方名称、纳税人识别号、地址、电话、开户行及账号等信息，以及具体的货物或应税劳务、服务名称，数量，单价，税率，金额等，确认无误后提交开票。

若企业销售量增加，发票开具的业务量也会随之增加，大量的重复性操作不但会占用财务人员的时间，而且容易出现填写错误，影响后续业务开展。因此，企业财务部门希望借助 RPA 技术设计一款开票机器人，自动读取信息并开具发票，以降低人工成本，提高业务处理效率。

任务要求

设计一款开票机器人，协助企业财务部门高效、准确地完成开票工作，具体功能要求如下。

（1）单击【运行】按钮后，RPA 机器人能自动打开增值税发票税控开票软件（下文称开票平台）。

（2）自动输入操作员账号、密码并登录开票平台。

（3）自动选择开票类型。

（4）自动读取销售记录表中的待开票信息。

（5）自动按照同一个订单编号开一张发票的逻辑填写开票信息。

（6）自动单击【开票】按钮开票。

（7）自动判断开票流程是否结束。

（8）自动保存发票并以订单编号命名。

（9）自动提示开票结束。

试一试

手动打开开票平台，根据本任务配套案例数据，手动输入待开票信息进行开票，体验人工开具发票的流程，观察开票过程中有哪些注意事项。

演示视频

流程设计

根据任务场景和任务要求，开票机器人的流程设计如图 3-34 所示。

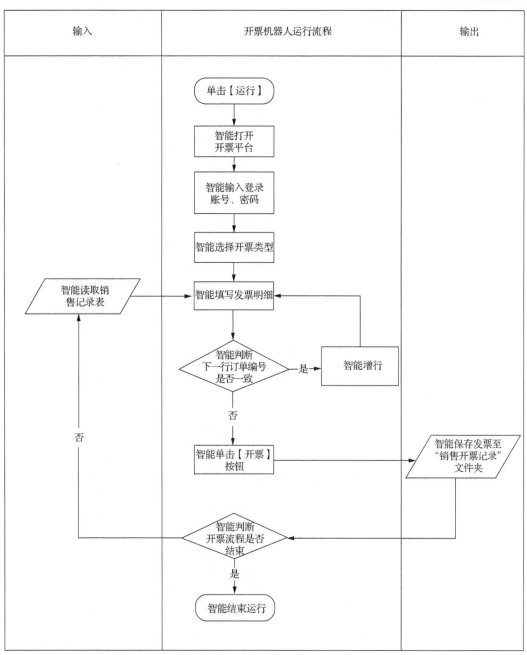

图 3-34 开票机器人的流程设计

开发方案

开票机器人的开发方案如表 3-2 所示。

表 3-2 开票机器人开发方案

序号	操作步骤	添加组件/新增变量
1	前期准备	新建文件夹
		修改谷歌浏览器下载文件设置
		数据准备
		新建工程
2	登录开票网站	添加【网站】组件
		在【网站】组件后添加【最大化窗口】组件
		在【最大化窗口】组件后添加【设置文本】组件
		在【设置文本】组件后添加【设置文本】组件
		在【设置文本】组件后添加【鼠标点击】组件
		在【鼠标点击】组件后继续添加【鼠标点击】组件
3	数据准备	在【鼠标点击】组件后添加【读取 Excel】组件
		新增流程变量
		在【读取 Excel】组件后添加【工作表行数获取】组件
		在【工作表行数获取】组件后添加【减】组件
		新增流程变量
		新增流程变量
		在【减】组件后添加【While 循环】组件
4	写入开票信息	打开发票开票页面
		为【While 循环】组件的"过程"添加【设置文本】组件
		在【设置文本】组件后添加【鼠标点击】组件
		在【鼠标点击】组件后添加【For 循环】组件
		在【For 循环】组件后添加【模拟按键】组件
		在【模拟按键】组件后继续添加【模拟按键】组件
5	下载发票	在【For 循环】组件后添加【鼠标点击】组件
		在【鼠标点击】组件后添加【模拟按键】组件
		在【模拟按键】组件后继续添加【模拟按键】组件
		在【模拟按键】组件后继续添加【模拟按键】组件
6	打开谷歌浏览器下载内容并刷新页面	在【模拟按键】组件后添加【热键输入】组件
		在【热键输入】组件后继续添加【热键输入】组件
		在【热键输入】组件后添加【模拟按键】组件
		在【模拟按键】组件后添加【自加】组件
7	提示用户流程结束	在【While 循环】组件后添加【消息框】组件
8	运行调试并保存	运行调试流程并保存

任务实现

一、前期准备

1. 新建文件夹

在 C 盘根目录下新建文件夹，用来保存 RPA 机器人的所有资料。文件夹的命名格式为"RPA+学号"（若前面已创建，则无须重复创建）。打开"RPA+学号"文件夹，在该文件夹下新建子文件夹，命名格式为"Add_Invoices+学号"。在"Add_Invoices+学号"子文件夹下再新建一个子文件夹，命名格式为"销售开票记录+学号"。以学号 1001 为例，文件夹层级如图 3-35 所示。

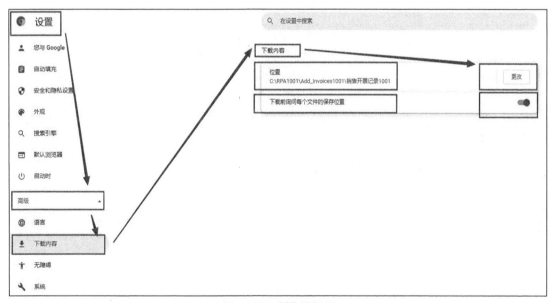

图 3-35 文件夹层级（开票机器人）

2. 修改谷歌浏览器下载文件设置

进入谷歌浏览器，执行【设置】→【高级】→【下载内容】命令，更改下载内容的位置为"C:\RPA+学号\ Add_Invoices+学号\销售开票记录+学号"。打开"下载前询问每个文件的保存位置"开关按钮，设置完成后关闭浏览器。以学号 1001 为例，设置界面如图 3-36 所示。

图 3-36 浏览器设置

3. 数据准备

下载本项目配套资源文件"销售记录表-多条单行"，保存至路径"C:/RPA+学号/Add_Invoices+学号"下，重命名格式为"销售记录表-多条单行+学号"。以学号 1001 为例，下载好的文件名称及路径如图 3-37 所示。

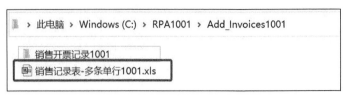

图 3-37　文件名称及路径（开票机器人）

4. 新建工程

打开 iS-RPA 设计器，新建工程，命名格式为"RPA_Add_Invoices+学号"，选择路径为"C:/RPA+学号/Add_Invoices+学号"。以学号 1001 为例，新建工程界面如图 3-38 所示。

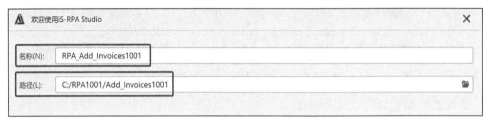

图 3-38　新建工程（开票机器人）

二、登录开票网站

1. 添加【网站】组件

在流程设计区的【开始】后添加【网站】组件，设置【网站】组件通用属性中的"备注"为"打开开票网站"；设置目标属性中的"路径"为谷歌浏览器在本地计算机上的存放地址（格式为"r'+谷歌浏览器在本地计算机中的路径+\chrome.exe'"），"网址"为"'http://ip:端口/KtpSimple/invoice/index'"。【网站】组件的属性设置如图 3-39 所示。

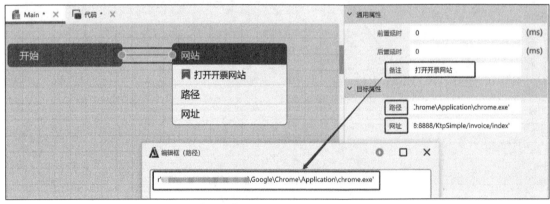

图 3-39　【网站】组件的属性设置（开票机器人）

单击【运行】按钮，进入开票平台登录页面，如图 3-40 所示。

2. 添加【最大化窗口】组件

在【网站】组件后添加【最大化窗口】组件。单击【最大化窗口】组件上的【拾取】按钮 ⊕，先按 F2 键暂停拾取，调出开票平台登录页面，再按 F2 键恢复拾取，框选开票平台登录页面，如图 3-41 所示。

图 3-40 开票平台登录页面

图 3-41 框选开票平台登录页面

设置【最大化窗口】组件通用属性中的"前置延时"为"200","备注"为"使网页窗口最大化"。单击【运行】按钮,RPA 机器人在打开网页后会自动将界面最大化。【最大化窗口】组件的属性设置如图 3-42 所示。

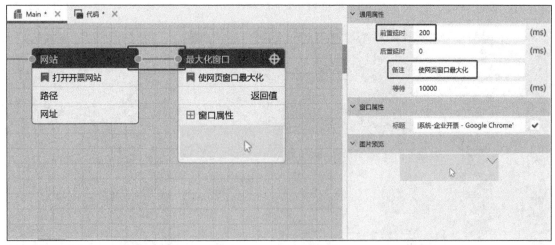

图 3-42 【最大化窗口】组件的属性设置（2）

3. 添加【设置文本】组件

在【最大化窗口】组件后添加【设置文本】组件。单击【设置文本】组件上的【拾取】按钮 ⊕，先按 F2 键暂停拾取，调出开票平台登录页面，再按 F2 键恢复拾取，框选开票平台登录页面上的【操作员】输入框，如图 3-43 所示。

图 3-43 框选开票平台登录页面上的【操作员】输入框

设置【设置文本】组件通用属性中的"前置延时"为"500"，"备注"为"输入登录账号"；设置目标属性中的"文本"为"学号"（以学号 1001 为例，"文本"为"'1001'"）。【设置文本】组件的属性设置如图 3-44 所示。

选中【设置文本】组件，单击鼠标右键，从弹出的快捷菜单中选择【只运行此组件】命令，可以看到 RPA 机器人在登录页面会自动输入登录账号。

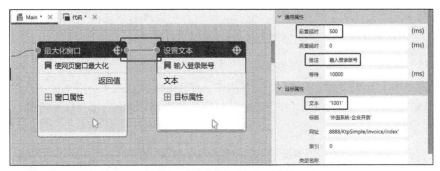

图 3-44 【设置文本】组件的属性设置（1）

4. 继续添加【设置文本】组件

在【设置文本】组件后添加【设置文本】组件。单击第 2 个【设置文本】组件上的【拾取】按钮，先按 F2 键暂停拾取，调出开票平台登录页面，再按 F2 键恢复拾取，框选开票平台登录页面上的【口令】输入框，如图 3-45 所示。

图 3-45 框选开票平台登录页面上的【口令】输入框

设置第 2 个【设置文本】组件通用属性中的"前置延时"为"200"，"备注"为"输入登录密码"；设置目标属性中的"文本"为密码（以密码"123456"为例，"文本"为"123456"）。【设置文本】组件的属性设置如图 3-46 所示。

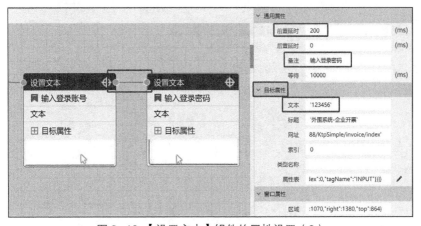

图 3-46 【设置文本】组件的属性设置（2）

选中【设置文本】组件，单击鼠标右键，从弹出的快捷菜单中选择【只运行此组件】命令，可以看到 RPA 机器人在登录界面会自动输入登录密码。

5. 添加【鼠标点击】组件

在【设置文本】组件后添加【鼠标点击】组件。单击【鼠标点击】组件上的【拾取】按钮⊕，先按 F2 键暂停拾取，调出前面已输入登录账号、密码的页面，再按 F2 键恢复拾取，框选开票平台登录页面上的【登录】按钮，如图 3-47 所示。

图 3-47 框选开票平台登录页面上的【登录】按钮

设置【鼠标点击】组件通用属性中的"前置延时"为"500"，"备注"为"登录开票平台"，如图 3-48 所示。

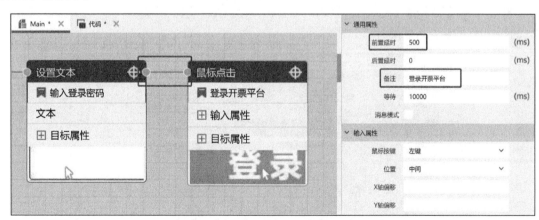

图 3-48 【鼠标点击】组件的属性设置（2）

选中【鼠标点击】组件，单击鼠标右键，从弹出的快捷菜单中选择【只运行此组件】命令，可以看到 RPA 机器人会自动登录并进入开票类型选择页面，如图 3-49 所示。

图3-49 开票类型选择页面

6. 继续添加【鼠标点击】组件

在【鼠标点击】组件后添加【鼠标点击】组件。单击第2个【鼠标点击】组件上的【拾取】按钮 ⊕，先按F2键暂停拾取，调出开票类型选择页面，再按F2键恢复拾取，框选开票类型选择页面上的【增值税专用开票】按钮，如图3-50所示。

图3-50 框选开票类型选择页面上的【增值税专用开票】按钮

设置【鼠标点击】组件通用属性中的"前置延时"为"500"，"备注"为"进入增值税专用开票系统"，如图3-51所示。

图3-51 【鼠标点击】组件的属性设置（3）

选中【鼠标点击】组件，单击鼠标右键，从弹出的快捷菜单中选择【只运行此组件】命令，可以看到 RPA 机器人会自动进入增值税专用开票系统，如图 3-52 所示。

图 3-52　增值税专用开票系统

三、数据准备

1. 添加【读取 Excel】组件

在【鼠标点击】组件后添加【读取 Excel】组件，设置【读取 Excel】组件通用属性中的"备注"为"读取销售记录表数据"；设置目标属性中的"文件路径"为"'C:/RPA1001/Add_Invoices1001/销售记录表-多条单行 1001.xls'"，设置"header"参数为"1"，设置"usecols"参数为"'A:L'"。【读取 Excel】组件的属性设置如图 3-53 所示。

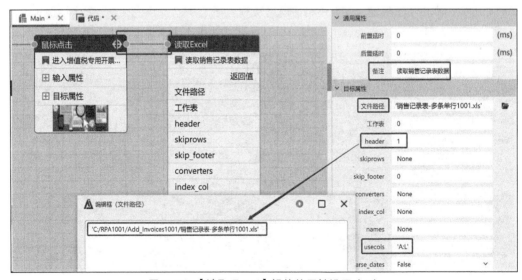

图 3-53　【读取 Excel】组件的属性设置（2）

2. 新增流程变量 data

单击【流程变量】后的 ➕ 按钮，新增流程变量并命名为"data"，设置"变量描述"为"保存读取的销售记录数据"，然后将【读取 Excel】组件的"返回值"与流程变量 data 进行连接。变量 data 的属性设置如图 3-54 所示。

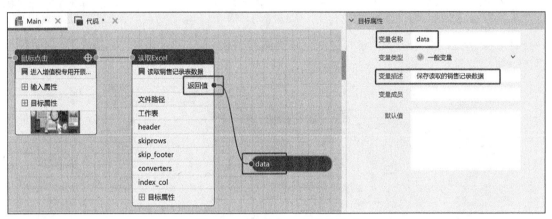

图 3-54 变量 data 的属性设置

选中【读取 Excel】组件，单击鼠标右键，从弹出的快捷菜单中选择【只运行此组件】命令，运行结果如图 3-55 所示。

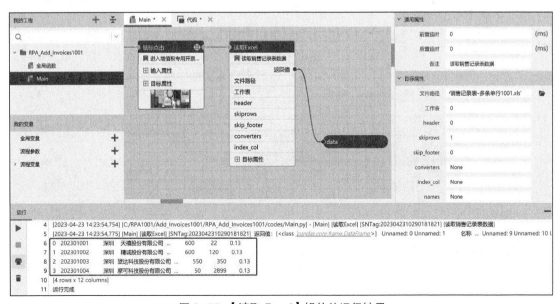

图 3-55 【读取 Excel】组件的运行结果

> **？想一想**
>
> （1）【读取 Excel】组件的运行结果为[4 rows×12 columns]的字典格式数据，表示有 4 行、12 列，其中的 4 行表示 4 张待开票数据。请问：在循环开票过程中，RPA 机器人如何判断循环的次数，如何判断何时停止循环开票？
>
> （2）【读取 Excel】组件的运行结果有 4 行，若用流程变量 i 来代表行序，i 值应随着循环次数的变化而变化（每循环一次，i 值加 1）。若要用 i 指代第一行（即订单编号为 202301001 的那一行），i 值应该等于多少？i 的默认值（初始值）应该为多少？

3．添加【工作表行数获取】组件

在【读取 Excel】组件后添加【工作表行数获取】组件。设置【工作表行数获取】组件通用属性中的"备注"为"获取销售记录表行数"；设置目标属性中的"文件"为"'C:/RPA1001/Add_Invoices1001/销售记录表-多条单行 1001.xls'"。【工作表行数获取】组件的属性设置如图 3-56 所示。

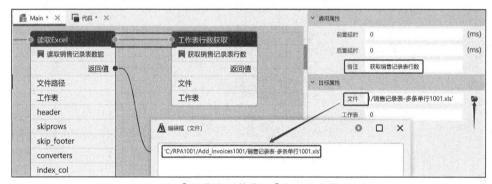

图 3-56 【工作表行数获取】组件的属性设置

4．添加【减】组件

在【工作表行数获取】组件后添加【减】组件。设置【减】组件通用属性中的"前置延时"为"200"，"备注"为"计算循环次数"；连接【减】组件上的"a"与【工作表行数获取】组件上的"返回值"（即将获取到的行数设置为被减数）；设置目标属性中的"b"为"3"。

【减】组件的属性设置如图 3-57 所示。

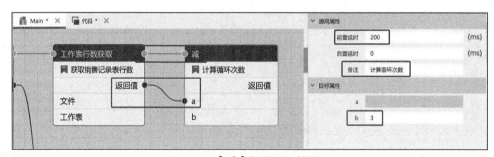

图 3-57 【减】组件的属性设置

5．新增流程变量 number

单击【流程变量】后的 ➕ 按钮，新增流程变量并命名为"number"。设置"变量描述"为"存储循环次数"；连接【减】组件的"返回值"与流程变量 number。

变量 number 的属性设置如图 3-58 所示。

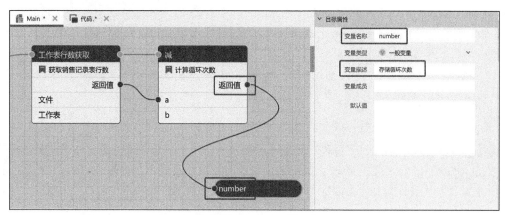

图 3-58　变量 number 的属性设置

6. 新增流程变量 i

单击流程变量后的 ➕ 按钮，新增流程变量并命名为"i"，设置"变量描述"为"行序"，"默认值"为"0"，如图 3-59 所示。

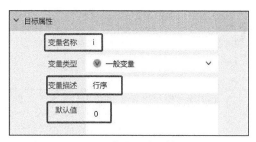

图 3-59　变量 i 的属性设置

7. 添加【While 循环】组件

在【减】组件后添加【While 循环】组件。设置【While 循环】组件通用属性中的"前置延时"为"200"，"备注"为"判断是否进入循环开票"；设置目标属性中的"条件"为"i<=number"。【While 循环】组件的属性设置如图 3-60 所示。

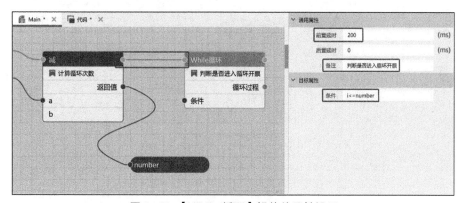

图 3-60　【While 循环】组件的属性设置

> **? 想一想**
>
> 以 i<=number 作为循环条件，当 i<=number 时进入循环，i＞number 时结束循环。number 的值即循环开票的最大次数，number=a-b=工作表行数返回值-3，结合销售记录表和【读取 Excel】组件，思考此处为何减 3？

四、写入开票信息

1. 添加【设置文本】组件

为【While 循环】组件的"过程"添加【设置文本】组件。单击【设置文本】组件上的【拾取】按钮 ，先按 F2 键暂停拾取，调出增值税专用发票开票页面，再按 F2 键恢复拾取，框选增值税专用发票开票页面上的【地区】输入框，如图 3-61 所示。

图 3-61　元素拾取

设置【设置文本】组件通用属性中的"前置延时"为"200"，"备注"为"设置地区"；设置目标属性中的"文本"为"data.iloc[i,1]"。【设置文本】组件的属性设置如图 3-62 所示。

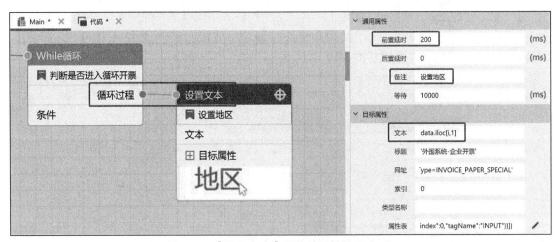

图 3-62　【设置文本】组件的属性设置（3）

说明

在 iloc( )函数中，iloc[a,b]中的 a 指取行数，b 指取列数，a、b 均从 0 开始计数。此处文本参数 data.iloc[i,1]指取变量 data 中第 i 行、第 1 列的数值，data 为【读取Excel】组件的返回值。【读取Excel】组件的返回值如图 3-63 所示。

4	[2023-04-23 14:23:54,754] [C:/RPA1001/Add_Invoices1001/RPA_Add_Invoices1001/codes/Main.py] - [Main] [读取Excel] [SNTag:2023042310290181821] [读取销售记录表数据]
5	[2023-04-23 14:23:54,775] [Main] [读取Excel] [SNTag:2023042310290181821] 返回值: [<class *'pandas.core.frame.DataFrame'*>] Unnamed: 0 Unnamed: 1 … 名称 … Unnamed:
6	0 202301001 深圳 天禧股份有限公司 … 600 22 0.13
7	1 202301002 深圳 精诚股份有限公司 … 600 120 0.13
8	2 202301003 深圳 望达科技股份有限公司 … 550 350 0.13
9	3 202301004 深圳 摩可科技股份有限公司 … 50 2899 0.13
10	[4 rows x 12 columns]
11	运行完成

图 3-63　【读取Excel】组件的返回值

想一想

以图 3-63 中【读取Excel】组件的返回值为例，若文本参数为 data.iloc[3,0]，则该参数取的值是什么？

2. 添加【鼠标点击】组件

在【设置文本】组件后添加【鼠标点击】组件。单击【鼠标点击】组件上的【拾取】按钮 ⊕，先按 F2 键暂停拾取，调出前面打开的增值税专用发票开票页面，再按 F2 键恢复拾取，框选增值税专用发票开票页面上的【名称】输入框，如图 3-64 所示。

图 3-64　框选【名称】输入框

设置【鼠标点击】组件通用属性中的"前置延时"为"200"，"备注"为"将鼠标光标定位至名称栏"，如图 3-65 所示。

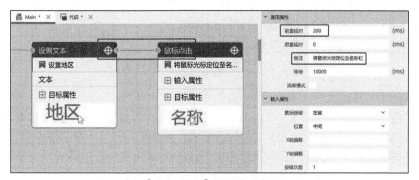

图 3-65　【鼠标点击】组件的属性设置（4）

3. 添加【For 循环】组件

在【鼠标点击】组件后添加【For 循环】组件。设置【For 循环】组件通用属性中的"前置延时"为"200","备注"为"填入第 i 行数据";设置目标属性中的"集合"为第 i 行从购买方名称至单价（含税）的数据"data.iloc[i,2],data.iloc[i,3],data.iloc[i,4],data.iloc[i,5],data.iloc[i,6],data.iloc[i,7],data.iloc[i,8],data.iloc[i,9],data.iloc[i,10]"。【For 循环】组件的属性设置如图 3-66 所示。

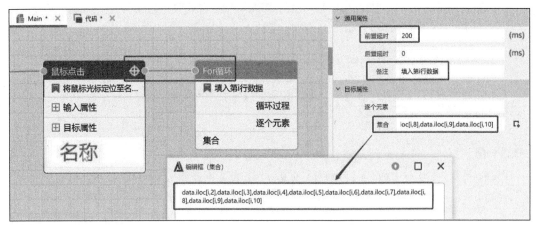

图 3-66 【For 循环】组件的属性设置（2）

4. 添加【模拟按键】组件

在【For 循环】组件后添加【模拟按键】组件，设置【模拟按键】组件通用属性中的"前置延时"为"200","备注"为"键入开票信息"，并连接【For 循环】组件的"逐个元素"与【模拟按键】组件的"键值"，如图 3-67 所示。

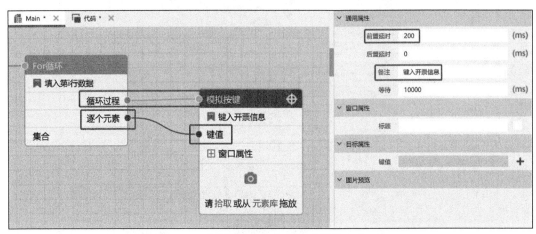

图 3-67 【模拟按键】组件的属性设置（4）

5. 继续添加【模拟按键】组件

在【模拟按键】组件后再添加一个【模拟按键】组件，设置新增的【模拟按键】组件通用属性中的"前置延时"为"200","备注"为"模拟 Tab 键功能，将光标移至下一输入框"；设置目标属性中的"键值"为"'{TAB}'"。新增【模拟按键】组件的属性设置如图 3-68 所示。

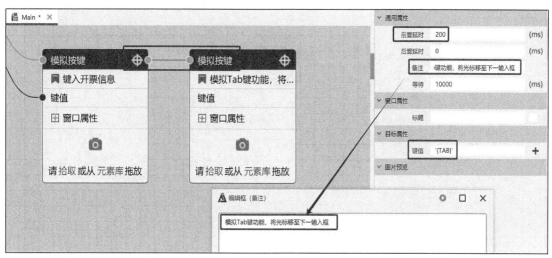

图 3-68 【模拟按键】组件的属性设置（5）

6. 运行校验

关闭谷歌浏览器中的所有页面，断开【While 循环】组件的前后连接，将【减】组件与【设置文本】组件相连，如图 3-69 所示。

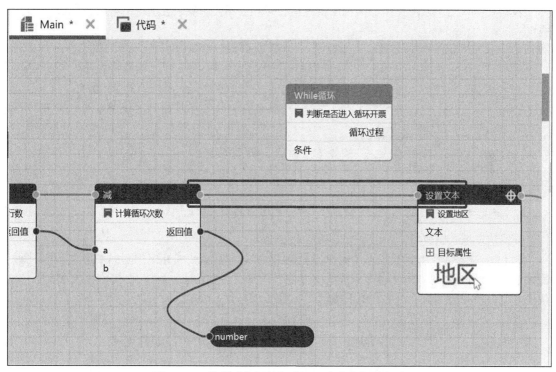

图 3-69 将【减】组件与【设置文本】组件相连

单击【运行】按钮，可以看到 RPA 机器人自动登录开票平台，并将第一行待开票信息输入平台，如图 3-70 所示。

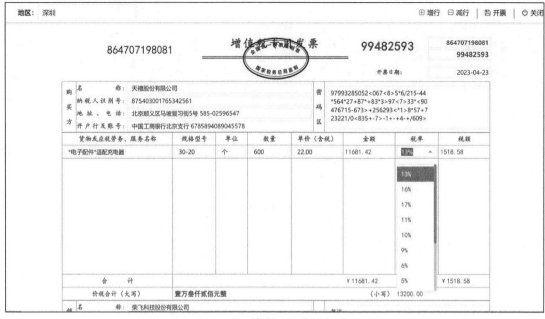

图 3-70　流程运行结果（3）

若此流程无误，则 RPA 机器人控制台在运行过程中不会报错，且运行结束后会显示"运行完成"，如图 3-71 所示。

```
89  [2023-04-23 16:07:44,131] [lib/ubpa/ikeyboard.pyd] - keyboard send key:[win:None]600
90  [2023-04-23 16:07:44,161] [C:/RPA1001/Add_Invoices1001/RPA_Add_Invoices1001/codes/Main.py] - [Main] [模拟按键] [SNTag:2023042315520201952] [模拟Tab功能，将光标移至下一输入框]
91  [2023-04-23 16:07:44,363] [lib/ubpa/ikeyboard.pyd] - keyboard send key:[win:None]{TAB}
92  [2023-04-23 16:07:44,373] [C:/RPA1001/Add_Invoices1001/RPA_Add_Invoices1001/codes/Main.py] - [Main] [模拟按键] [SNTag:2023042314224176147] [键入开票信息]
93  [2023-04-23 16:07:44,581] [lib/ubpa/ikeyboard.pyd] - keyboard send key:[win:None]22
94  [2023-04-23 16:07:44,601] [C:/RPA1001/Add_Invoices1001/RPA_Add_Invoices1001/codes/Main.py] - [Main] [模拟按键] [SNTag:2023042315520201952] [模拟Tab功能，将光标移至下一输入框]
95  [2023-04-23 16:07:44,815] [lib/ubpa/ikeyboard.pyd] - keyboard send key:[win:None]{TAB}
96  运行完成
```

图 3-71　显示"运行完成"

五、下载发票

1. 添加【鼠标点击】组件

开票信息填入完成后，即可单击【开票】按钮。

在【For 循环】组件后添加【鼠标点击】组件。单击【鼠标点击】组件上的【拾取】按钮⊕，先按 F2 键暂停拾取，调出已填写完成的增值税专用发票开票页面，再按 F2 键恢复拾取，框选增值税专用发票开票页面上的【开票】按钮，如图 3-72 所示。

图 3-72　框选【开票】按钮

设置【鼠标点击】组件通用属性中的"前置延时"为"200"，"备注"为"单击【开票】按钮"，如图 3-73 所示。

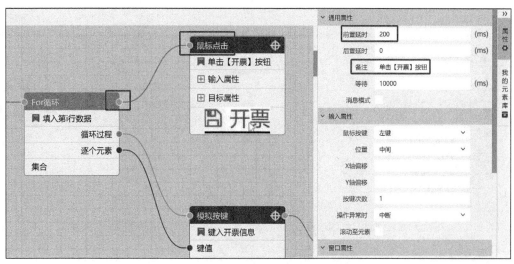

图 3-73 【鼠标点击】组件的属性设置（5）

只运行【鼠标点击】组件，可以看到 RPA 机器人自动单击【开票】按钮并弹出【另存为】对话框，如图 3-74 所示。

图 3-74　弹出【另存为】对话框

2. 添加【模拟按键】组件

在【鼠标点击】组件后添加【模拟按键】组件。单击【模拟按键】组件上的【拾取】按钮⊕，先按 F2 键暂停拾取，调出前面打开的【另存为】对话框，再按 F2 键恢复拾取，框选【另存为】对话框上的【文件名】下拉列表框，如图 3-75 所示。

设置【模拟按键】组件通用属性中的"前置延时"为"1000"，"备注"为"删除【另存为】对话框的默认文件名"；设置目标属性中的"键值"为"{BACKSPACE}"。【模拟按键】组件的属性设置如图 3-76 所示。

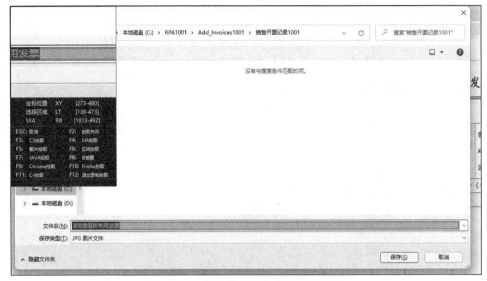

图 3-75 框选【文件名】下拉列表框

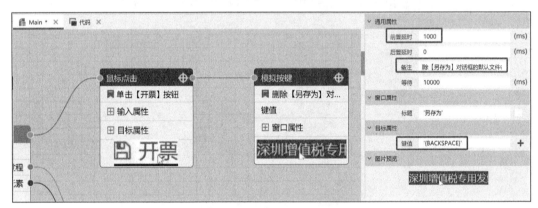

图 3-76 【模拟按键】组件的属性设置（6）

3. 继续添加【模拟按键】组件

在【模拟按键】组件后再添加一个【模拟按键】组件。设置新增【模拟按键】组件通用属性中的"前置延时"为"200"，"备注"为"键入第 i 行的单据编号"；设置目标属性中的"键值"为"data.iloc[i,0]"。新增【模拟按键】组件的属性设置如图 3-77 所示。

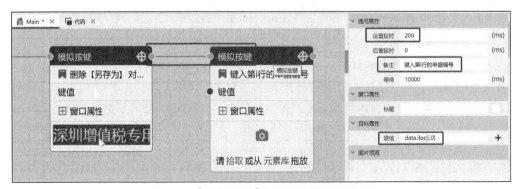

图 3-77 【模拟按键】组件的属性设置（7）

4. 继续添加【模拟按键】组件

继续添加【模拟按键】组件，设置其通用属性中的"前置延时"为"500"，"备注"为"保存并下载发票图片"；设置目标属性中的"键值"为"'{ENTER}'"。第 3 个【模拟按键】组件的属性设置如图 3-78 所示。

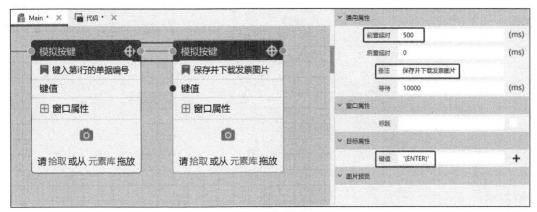

图 3-78　【模拟按键】组件的属性设置（8）

5. 运行校验

关闭谷歌浏览器中的所有页面，断开【While 循环】组件的前后连接，将【减】组件与【设置文本】组件相连，如图 3-79 所示。

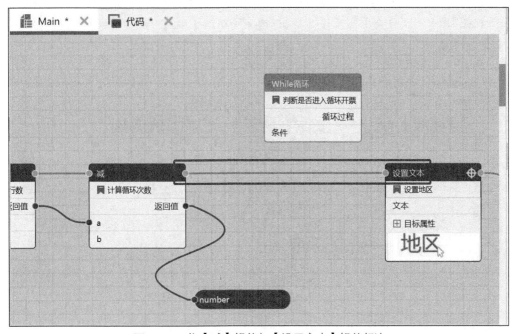

图 3-79　将【减】组件与【设置文本】组件相连

单击【运行】按钮，可以看到 RPA 机器人自动登录开票平台，开具第一张发票，并以指定名称另存在指定文件夹中。运行结果如图 3-80 所示。

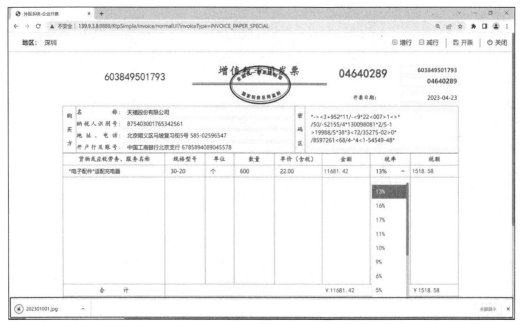

图 3-80　流程运行结果（4）

❓ 想一想

　　若此时恢复【While 循环】组件的前后连接，关闭谷歌浏览器中的所有页面，并清空"销售开票记录+学号"文件夹中已保存的发票，单击【运行】按钮，流程是否会出错？若出错，原因是什么？应该怎样解决？

　　【While 循环】组件的前后连接如图 3-81 所示。

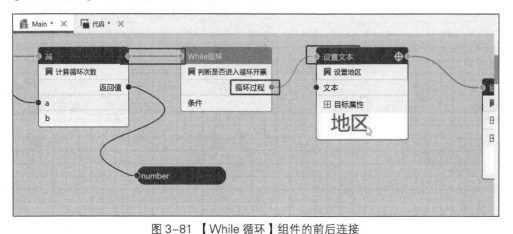

图 3-81　【While 循环】组件的前后连接

六、打开谷歌浏览器下载内容并刷新页面

1. 添加【热键输入】组件

在【模拟按键】组件后添加【热键输入】组件。设置【热键输入】组件通用属性中的"前置

延时"为"200","备注"为"打开谷歌浏览器下载内容页面";勾选目标属性中的"Ctrl+"复选框,并设置"键值"为"j"。【热键输入】组件的属性设置如图 3-82 所示。

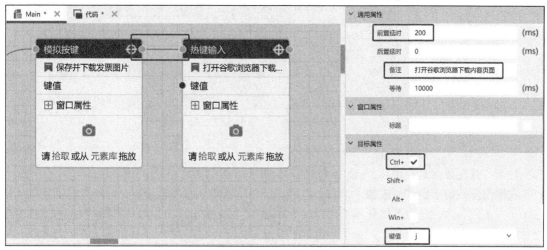

图 3-82 【热键输入】组件的属性设置（1）

2. 继续添加【热键输入】组件

在【热键输入】组件后再添加一个【热键输入】组件。设置新增【热键输入】组件通用属性中的"前置延时"为"200","备注"为"关闭谷歌浏览器下载内容页面";勾选目标属性中的"Ctrl+"复选框,并设置"键值"为"w"。新增【热键输入】组件的属性设置如图 3-83 所示。

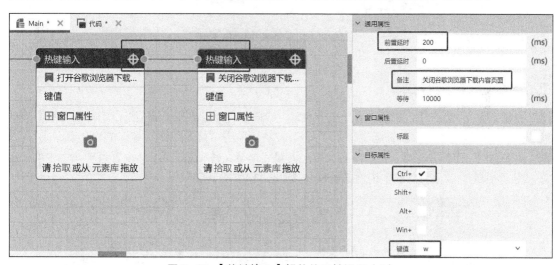

图 3-83 【热键输入】组件的属性设置（2）

3. 添加【模拟按键】组件

在【热键输入】组件后添加【模拟按键】组件。设置【模拟按键】组件通用属性中的"前置延时"为"500","备注"为"刷新增值税开票页面";设置目标属性中的"键值"为"'{F5}'"。【模拟按键】组件的属性设置如图 3-84 所示。

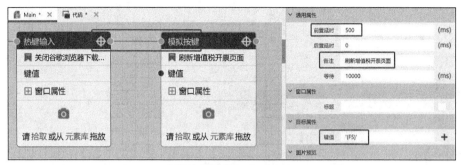

图 3-84 【模拟按键】组件的属性设置（9）

4. 添加【自加】组件

在第一张发票开具成功后，i 值加 1，然后进行下一张销售订单的开票操作。

在【模拟按键】组件后添加【自加】组件。设置【自加】组件通用属性中的"前置延时"为"200"，"备注"为"每张票据开具结束后，行序加 1"；连接【自加】组件下的"x"与流程变量"i"；连接【自加】组件下的"返回值"与流程变量"i"。【自加】组件的属性设置如图 3-85 所示。

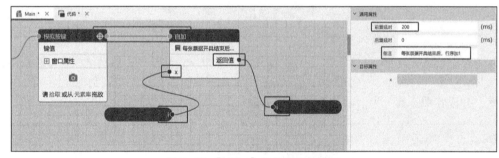

图 3-85 【自加】组件的属性设置

七、提示用户流程结束

恢复【While 循环】的前后连接，在【While 循环】组件后添加【消息框】组件。设置【消息框】组件通用属性中的"前置延时"为"200"，"备注"为"提示用户所有订单均开票完成"；设置"输入属性"中的"内容"为"所有发票已开具，请至文件夹中查看"；设置目标属性中的"标题"为"提示！"。【消息框】组件的属性设置如图 3-86 所示。

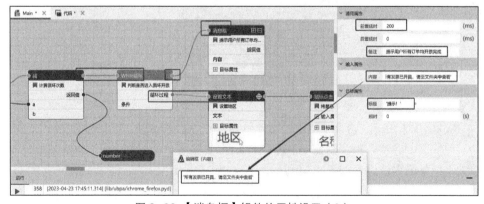

图 3-86 【消息框】组件的属性设置（2）

八、运行调试并保存

流程设计完成后，关闭谷歌浏览器中的所有页面，并清空"销售开票记录+学号"文件夹中已保存的发票，单击【运行】按钮，可以看到 RPA 机器人自动循环开具发票并在流程结束后弹出提示框。单击提示框中的【确定】按钮，设计器控制台会显示"运行完成"，运行结果如图 3-87 所示。

▶	328	[2023-04-23 18:20:58,756] [lib/ubpa/ikeyboard.pyd] - keyboard send key:[win:None][F5]
	329	[2023-04-23 18:20:58,766] [C:/RPA1001/Add_Invoices1001/RPA_Add_Invoices1001/codes/Main.py] - [Main] [自加] [SNTag:2023042317482744074] [每张票据开具结束后, 行序加1]
■	330	[2023-04-23 18:20:58,974] [ubpa/itools/rpa_fun.pyd] - ready to execute[rpa_self_add]
	331	[2023-04-23 18:20:58,974] [ubpa/itools/rpa_fun.pyd] - end execute[rpa_self_add]
🖥	332	[2023-04-23 18:20:58,974] [Main] [自加] [SNTag:2023042317482744074] 返回值: [<class *int*>]4
	333	[2023-04-23 18:20:58,974] [C:/RPA1001/Add_Invoices1001/RPA_Add_Invoices1001/codes/Main.py] - [Main] [消息框] [SNTag:2023042317535930983] [提示用户所有订单均开票完成]
🗑	334	[2023-04-23 18:21:14,941] [Main] [消息框] [SNTag:2023042317535930983] 返回值: [<class *bool*>]True
	335	运行完成

图 3-87　流程运行结果（5）

确认流程无误后，单击【保存】按钮保存工程。

巩固与练习

若在循环开票过程中，部分销售记录有多条明细（见图 3-88），RPA 机器人需要在一张票据中单击【增行】按钮且根据销售详情（有几条明细）判断增行几次。现有的 RPA 流程应如何调整？

	A	B	C	G	H	I	J	K	L	M	N
1	订单编号	地区	购买方名称	货物及应税劳务、服务名称	规格型号	单位	数量	单价(含税)	税率	总金额	
3	202301001	深圳	天福股份有限公司	*电子配件*适配充电器	20-30	个	600	22	0.13	26400	
4	202301001	深圳	天福股份有限公司	*电子配件*适配充电器	30-40	个	600	22	0.13		
5	202301002	深圳	精骁股份有限公司	*电子配件*液晶屏	50*70	个	600	120	0.13	72000	
6	202301003	深圳	楠达科技股份有限公司	*电子配件*液晶屏	50*60	个	550	350	0.13	192500	
7	202301004	深圳	摩可科技股份有限公司	*产成品*农业飞行器	35-50	台	50	2899	0.13	244930	
8	202301004	深圳	摩可科技股份有限公司	*产成品*农业飞行器	35-45	台	20	4999	0.13		
9	202301005	深圳	金康科技股份有限公司	*产成品*小型飞行器	50-60	架	10	4999	0.13	49990	
10	202301006	深圳	星昊科技股份有限公司	*产成品*小型飞行器	50-45	架	15	3999	0.13	59985	
11	202301007	深圳	瑞云科技股份有限公司	*产成品*小型飞行器	50-40	架	60	2999	0.13	345295	
12	202301007	深圳	瑞云科技股份有限公司	*产成品*农业飞行器	70-60	架	25	3899	0.13		
13	202301007	深圳	瑞云科技股份有限公司	*产成品*中型飞行器	70-40	架	10	6788	0.13		
14	202301008	深圳	青青集团	*产成品*大型飞行器	110-90	架	50	8888	0.13	444400	
15											

图 3-88　运行校验

RPA 资金往来应用——
设计与开发网银付款机器人

学习目标

1. 了解资金往来场景中常见的业务及业务流程。
2. 熟悉资金往来场景中 RPA 流程自动化的需求。
3. 掌握网银付款机器人的设计与开发方法。
4. 具备电子交易安全意识，培养爱岗敬业的职业素养和勇于创新的职业精神。

职业素养点拨

木牛流马

木牛流马是古代的一种运输工具，相传由三国时期蜀汉丞相诸葛亮创制。这种运输工具在当时的战争环境中发挥了重要作用，极大地提高了物流效率，为蜀汉军队提供了稳定的粮草供应，成为战争胜利的关键因素之一。

在现代社会中，工具和技术发展日新月异，善于利用自动化工具，可以快速处理重复性、烦琐的任务，提高工作效率。

知识准备

网银支付是成熟的在线支付方式之一，也是电子商务企业提供在线交易服务时不可或缺的功能之一。银行卡开通网银支付功能后，用户在网银付款页面输入支付金额并验证支付密码，即可完成转账交易。网银支付具有稳定易用、安全可靠的特点，适用于需要实时掌握账户及财务信息、涉及资金转入和转出的各类用户。

任务场景

付款业务是财务工作中最重要的业务流程之一，也是风险较大的业务流程之一。得益于信息技术的发展，现代企业大量的往来交易业务都可以借助网银支付实现。大中型企业可能设立多个银行账户，涉及大量交易对象及多种支付方式和明细指令。

在传统工作模式下，网银付款业务主要依赖人工操作，因此财务人员在进行网银付款时需要频繁切换登录多个网银账户，并将交易结果手动填回待付款明细表。整个过程烦琐、耗时、效率较低，且人工操作差错率较高，容易给企业资金管理带来潜在风险。

面对诸多痛点，财务部门结合业务需求，希望借助 RPA 技术设计一款网银付款机器人，协助人工处理大量的小额支付业务，使财务人员从大量的重复操作中解放，去参与更有价值的资金管理工作。

说明

在企业网银业务处理场景中，借助 RPA 除了可以实现支付自动化外，还能够完成其他网银操作，如自动获取各家银行网银交易流水、账户余额、电子回单等信息，并将这些信息自动转换为金蝶 EAS、云星空等 ERP 系统所需的导入格式，自动导入系统中，取代烦琐的手动操作，极大地降低人为错误的风险，并提高数据的准确性，确保数据的及时性和一致性。

任务要求

设计一款网银付款机器人，协助企业财务部门高效、准确地完成网银付款工作，具体功能要求如下。

（1）单击【运行】按钮，运行网银付款机器人。

（2）智能打开网银平台。

（3）智能登录企业网银。

（4）智能进入付款业务功能页面。

（5）智能判断是否已付款。

（6）智能填写付款信息。

（7）智能判断是否付款成功。

（8）智能回填付款成功信息。

（9）智能判断是否结束。

（10）智能结束。

试一试

手动打开网银平台，根据本项目配套资源文件，完成网银付款操作。总结付款过程中有哪些注意事项。

流程设计

根据任务场景和任务要求，网银付款机器人的流程设计如图 4-1 所示。

演示视频

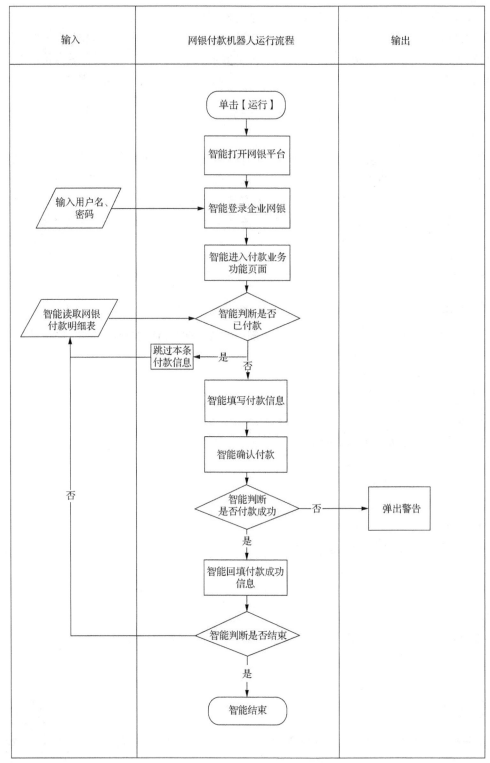

图 4-1　网银付款机器人的流程设计

开发方案

网银付款机器人的运行流程如表 4-1 所示。

表 4-1　　　　　　　　　　　网银付款机器人的运行流程

序号	操作步骤	添加组件/新增变量
1	前期准备	新建文件夹
		数据准备
		新建工程
2	登录网银	添加【序列】组件
		为【序列】组件上的"序列 1"添加【网站】组件
		在【网站】组件后添加【最大化窗口】组件
		在【最大化窗口】组件后添加【鼠标点击】组件
		在【鼠标点击】组件后添加【鼠标点击】组件
		在【鼠标点击】组件后添加【设置文本】组件
		在【设置文本】组件后添加【鼠标点击】组件
		在【鼠标点击】组件后添加【设置文本】组件
		在【设置文本】组件后添加【鼠标点击】组件
3	根据付款明细信息进行付款操作	为【序列】组件上的"序列 2"添加【鼠标点击】组件
		在【鼠标点击】组件后添加【鼠标点击】组件
		在【鼠标点击】组件后添加【读取 Excel】组件
		在【读取 Excel】组件后添加【dataframe 遍历】组件
		在【dataframe 遍历】组件后添加【For 循环】组件
		为【For 循环】组件的"循环过程"添加【模拟按键】组件
		在【模拟按键】组件后添加【热键输入】组件
		在【For 循环】组件后添加【鼠标点击】组件
		在【鼠标点击】组件后添加【鼠标点击】组件
4	校验是否付款成功并回填信息	为【序列】组件上的"序列 3"添加【获取文本】组件
		在【获取文本】组件后添加【split】组件
		新增流程变量 list
		在【split】组件后添加【IF 分支】组件
		为【IF 分支】组件的"为真时"添加【单元格写入】组件
		在【单元格写入】组件后添加【当前日期】组件
		在【当前日期】组件后添加【单元格写入】组件
		为【IF 分支】组件的"为假时"添加【消息框】组件
		在【IF 分支】组件后添加【鼠标点击】组件
5	退出平台并提示用户流程结束	为【序列】组件上的"序列 4"添加【鼠标点击】组件
		在【鼠标点击】组件后添加【消息框】组件
6	运行调试并保存	运行调试流程并保存

一、前期准备

1. 新建文件夹

在 C 盘根目录下新建文件夹，用来保存 RPA 机器人的所有资料。文件夹的命名格式为"RPA+学号"（若前面已创建，则无须重复创建）。打开"RPA+学号"文件夹，在该文件夹下新建子文件夹，命名格式为"Bank_Payments+学号"。以学号 1001 为例，建好后两个文件夹的路径及名称如图 4-2 所示。

图 4-2 两个新建文件夹的路径及名称

2. 数据准备

下载本项目配套资源文件"网银付款明细表-单条数据.xlsx"，保存至"Bank_Payments+学号"文件夹，并将文件重命名为"网银付款明细表-单条数据+学号"。以学号 1001 为例，设置好后文件名称及文件路径如图 4-3 所示。

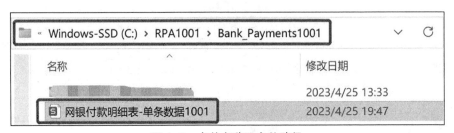

图 4-3 文件名称及文件路径

3. 新建工程

打开 iS-RPA 设计器，新建一个工程，命名格式为"RPA_Bank_Payments+学号"，保存路径格式为"C:/RPA+学号/Bank_Payments+学号"。单击【创建】按钮，进入 iS-RPA 设计器主界面。以学号 1001 为例，工程名称及保存路径如图 4-4 所示。

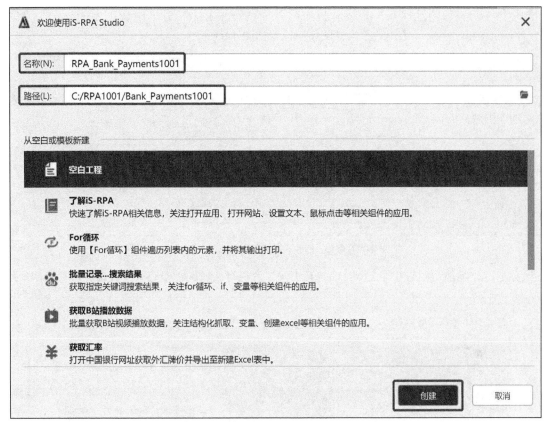

图 4-4　新建工程

二、登录网银

1. 添加【序列】组件

在流程设计区的【开始】组件后通过拖曳方式添加【序列】组件，设置【序列】组件通用属性中的"备注"为"分步进行网银付款"，如图 4-5 所示。

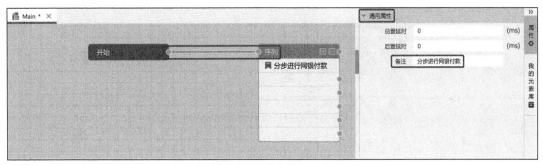

图 4-5　【序列】组件的属性设置

2. 添加【网站】组件

为【序列】组件上的"序列 1"添加【网站】组件，设置【网站】组件通用属性中的"备注"为"打开网上银行网站"；设置目标属性中的"路径"为谷歌浏览器在本地计算机上的存放地址

（格式为 "r'+谷歌浏览器在本地计算机中的路径+\chrome.exe'"），"网址"为 "http://ip:端口/KtpSimple/bank/index'"。【网站】组件的属性设置如图 4-6 所示。

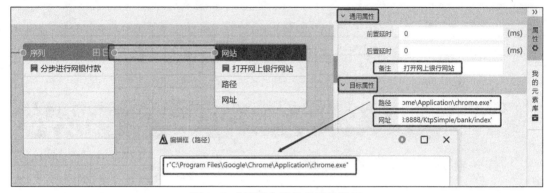

图 4-6　【网站】组件的属性设置

只运行此组件，RPA 机器人会自动打开中国工商银行企业网上银行登录页面，如图 4-7 所示。

图 4-7　中国工商银行企业网上银行登录页面

3. 添加【最大化窗口】组件

在【网站】组件后添加【最大化窗口】组件。单击【最大化窗口】组件上的【拾取】按钮，先按 F2 键暂停拾取，调出网上银行登录页面，再按 F2 键恢复拾取，框选网上银行登录页面，如图 4-8 所示。

图 4-8　框选网上银行登录页面

设置【最大化窗口】组件通用属性中的"备注"为"使网页窗口最大化",如图 4-9 所示。

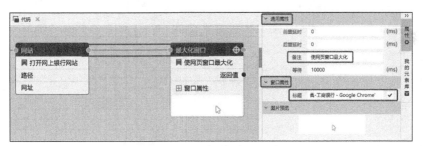

图 4-9　【最大化窗口】组件的属性设置

只运行此组件,RPA 机器人自动将网上银行登录页面最大化,如图 4-10 所示。

图 4-10　最大化网上银行登录页面

4. 添加【鼠标点击】组件

在【最大化窗口】组件后添加【鼠标点击】组件。单击【鼠标点击】组件上的【拾取】按钮，先按 F2 键暂停拾取，调出网上银行登录页面，再按 F2 键恢复拾取，框选网上银行登录页面中的【U盾登录】按钮，如图 4-11 所示。

图 4-11　框选【U盾登录】按钮

设置【鼠标点击】组件通用属性中的"备注"为"选择登录方式为 U 盾登录"，如图 4-12 所示。

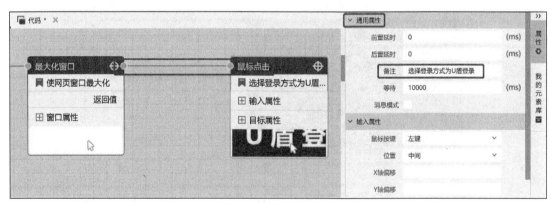

图 4-12　【鼠标点击】组件的属性设置（1）

只运行此组件，RPA 机器人将自动单击【U盾登录】按钮，如图 4-13 所示。

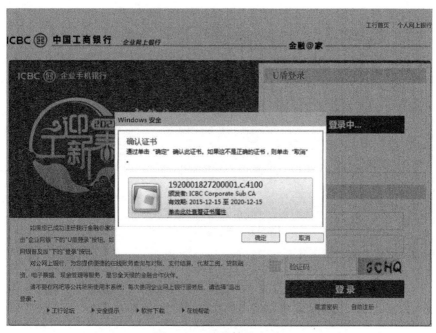

图 4-13　运行结果（1）

5. 继续添加【鼠标点击】组件

在【鼠标点击】组件后再添加一个【鼠标点击】组件。单击新增【鼠标点击】组件上的【拾取】按钮，先按 F2 键暂停拾取，调出【Windows 安全】对话框，再按 F2 键恢复拾取，框选【Windows 安全】对话框中的【确定】按钮，如图 4-14 所示。

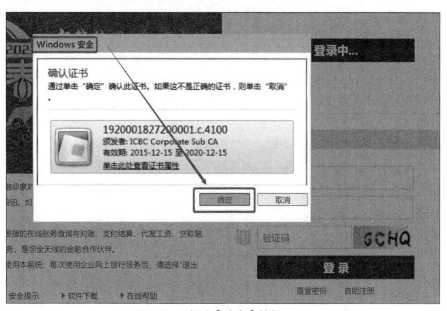

图 4-14　框选【确定】按钮（1）

设置新增【鼠标点击】组件通用属性中的"备注"为"进入用户名输入页面"，如图 4-15 所示。

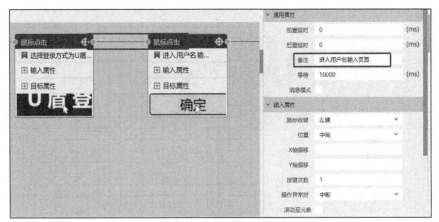

图 4-15 【鼠标点击】组件的属性设置（2）

只运行此组件，RPA 机器人将自动进入用户名输入页面，如图 4-16 所示。

图 4-16 自动进入用户名输入页面

6. 添加【设置文本】组件

在新增【鼠标点击】组件后添加【设置文本】组件。单击【设置文本】组件上的【拾取】按钮，先按 F2 键暂停拾取，调出【用户名】对话框，再按 F2 键恢复拾取，框选【用户名】对话框中的用户名输入框，如图 4-17 所示。

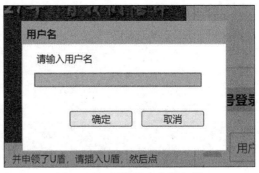

图 4-17 框选用户名输入框

设置【设置文本】组件通用属性中的"备注"为"输入用户名"；设置目标属性中的"文本"为网银登录用户名"robot"，如图 4-18 所示。

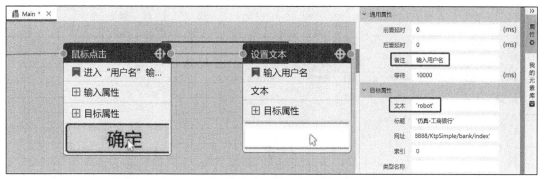

图 4-18 【设置文本】组件的属性设置（1）

只运行此组件，RPA 机器人将自动输入网银登录用户名"robot"，如图 4-19 所示。

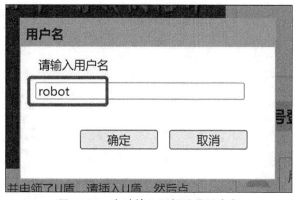

图 4-19 自动输入网银登录用户名

7. 添加【鼠标点击】组件

在【设置文本】组件后添加【鼠标点击】组件。单击【鼠标点击】组件上【拾取】按钮，先按 F2 键暂停拾取，调出【用户名】对话框，再按 F2 键恢复拾取，框选【用户名】对话框中的【确定】按钮，如图 4-20 所示。

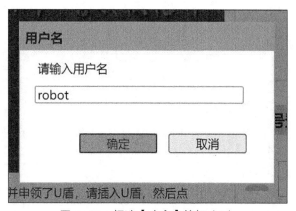

图 4-20 框选【确定】按钮（2）

设置【鼠标点击】组件通用属性中的"备注"为"确认输入用户名信息"，如图 4-21 所示。

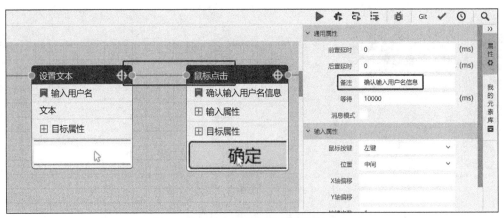

图 4-21 【鼠标点击】组件的属性设置（3）

只运行此组件，RPA 机器人将自动确认用户名，并进入密码填写页面，如图 4-22 所示。

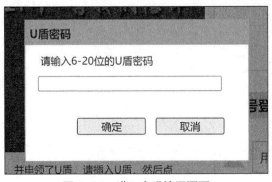

图 4-22 进入密码填写页面

8. 添加【设置文本】组件

在【鼠标点击】组件后添加【设置文本】组件。单击【设置文本】组件上的【拾取】按钮，先按 F2 键暂停拾取，调出密码填写页面，再按 F2 键恢复拾取，框选【U 盾密码】对话框中的密码输入框，如图 4-23 所示。

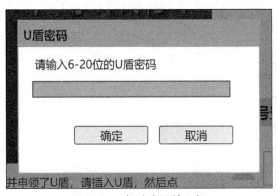

图 4-23 框选密码输入框

设置【设置文本】组件通用属性中的"备注"为"输入密码"；设置目标属性中的"文本"为 U 盾密码（以密码 888888 为例，"文本"参数应设置为"'888888'"），如图 4-24 所示。

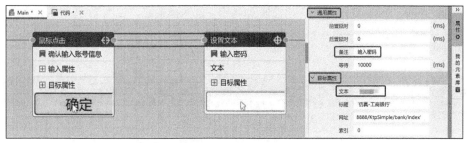

图 4-24　【设置文本】组件的属性设置（2）

只运行此组件，RPA 机器人将自动输入 U 盾密码，如图 4-25 所示。

图 4-25　自动输入 U 盾密码

9. 添加【鼠标点击】组件

在【设置文本】组件后添加【鼠标点击】组件。单击【鼠标点击】组件上的【拾取】按钮，先按 F2 键暂停拾取，调出密码填写页面，再按 F2 键恢复拾取，框选【U 盾密码】对话框中的【确定】按钮，如图 4-26 所示。

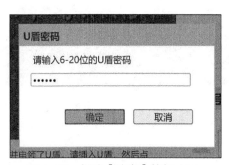

图 4-26　框选【确定】按钮（3）

设置【鼠标点击】组件通用属性中的"备注"为"确认输入密码"，如图 4-27 所示。

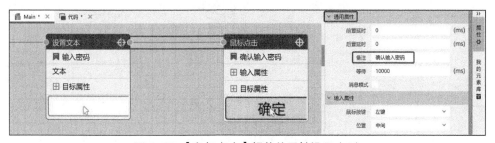

图 4-27　【鼠标点击】组件的属性设置（4）

只运行此组件，RPA 机器人将自动确认密码，登录网银系统，如图 4-28 所示。

图 4-28　自动登录网银系统

三、根据付款明细信息进行付款操作

1. 添加【鼠标点击】组件

为【序列】组件上的"序列 2"添加【鼠标点击】组件。单击【鼠标点击】组件上的【拾取】按钮，先按 F2 键暂停拾取，调出网银首页，再按 F2 键恢复拾取，框选网银首页中的【付款业务】按钮，如图 4-29 所示。

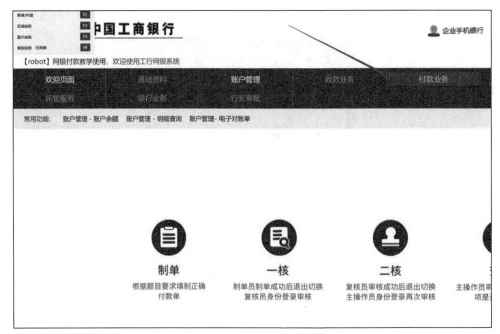

图 4-29　框选【付款业务】按钮

设置【鼠标点击】组件通用属性中的"备注"为"进入付款业务功能页面"，如图 4-30 所示。

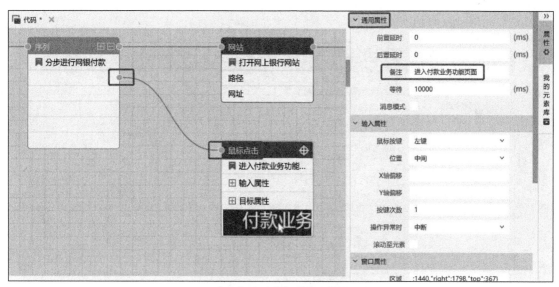

图 4-30　【鼠标点击】组件的属性设置（5）

只运行此组件，RPA 机器人将自动进入付款业务功能页面，如图 4-31 所示。

图 4-31　自动进入付款业务功能页面

2. 继续添加【鼠标点击】组件

在【鼠标点击】组件后再添加一个【鼠标点击】组件。单击新增【鼠标点击】组件上的【拾取】按钮，先按 F2 键暂停拾取，调出付款业务功能页面，再按 F2 键恢复拾取，框选付款业务功能页面中的【收款单位】输入框，如图 4-32 所示。

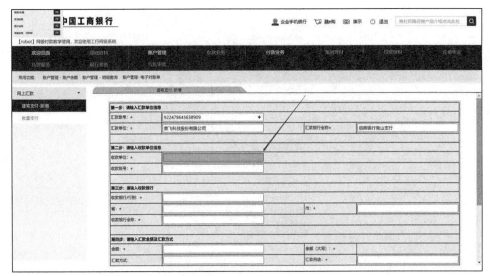

图 4-32　框选【收款单位】输入框

设置新增【鼠标点击】组件通用属性中的"备注"为"将光标定位至第一个输入框",如图 4-33 所示。

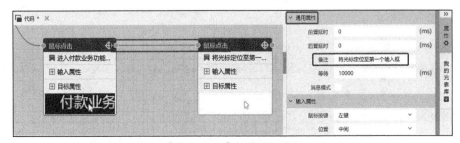

图 4-33　【鼠标点击】组件的属性设置（6）

只运行此组件,RPA 机器人将自动进行光标定位,如图 4-34 所示。

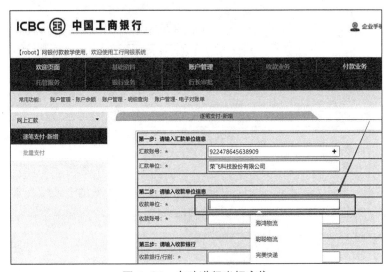

图 4-34　自动进行光标定位

> **? 想一想**
>
> 此处添加【鼠标点击】组件将光标定位至【收款单位】输入框有何作用?

3. 添加【读取 Excel】组件

在【鼠标点击】组件后添加【读取 Excel】组件。设置【读取 Excel】组件通用属性中的"备注"为"读取网银付款明细表数据";设置目标属性中的"文件路径"为"'C:/RPA1001/Bank_Payments1001/网银付款明细表-单条数据 1001.xlsx'",组件参数"usecols"为"'D:M'"。【读取 Excel】组件的属性设置如图 4-35 所示。

图 4-35 【读取 Excel】组件的属性设置

> **? 想一想**
>
> (1)为什么使用【读取 Excel】组件读取单条付款明细数据?这里能不能使用【读取整列】组件?
>
> (2)为什么设置参数 usecols 为"'D:M'"?

4. 添加【dataframe 遍历】组件

在【读取 Excel】组件后添加【dataframe 遍历】组件。设置【dataframe 遍历】组件通用属性中的"备注"为"对读取的表格数据遍历输出行",并将【dataframe 遍历】组件下的"dataframe"与【读取 Excel】组件下的"返回值"连接。【dataframe 遍历】组件的属性设置如图 4-36 所示。

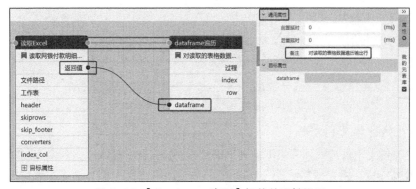

图 4-36 【dataframe 遍历】组件的属性设置

5. 添加【For 循环】组件

在【dataframe 遍历】组件后添加【For 循环】组件。设置【For 循环】组件通用属性中的"备注"为"执行循环过程并输出逐个元素",并将【For 循环】组件下的"集合"与【dataframe 遍历】组件下的"row"连接。【For 循环】组件的属性设置如图 4-37 所示。

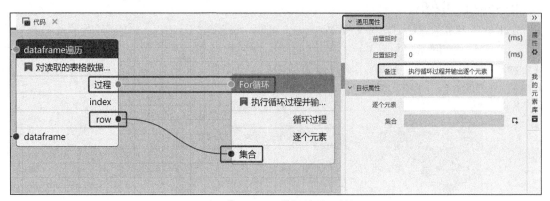

图 4-37 【For 循环】组件的属性设置

> ❓ **想一想**
>
> 【读取 Excel】组件+【dataframe 遍历】组件+【For 循环】组件实现了什么功能？为什么不使用【读取 Excel】组件+【For 循环】组件？

6. 添加【模拟按键】组件

为【For 循环】组件的"循环过程"添加【模拟按键】组件。设置【模拟按键】组件通用属性中的"备注"为"在输入框输入付款信息",并将【模拟按键】组件下的"键值"与【For 循环】组件下的"逐个元素"连接。【模拟按键】组件的属性设置如图 4-38 所示。

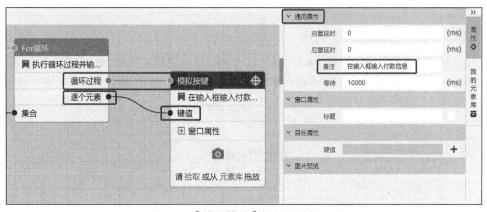

图 4-38 【模拟按键】组件的属性设置

7. 添加【热键输入】组件

在【模拟按键】组件后添加【热键输入】组件。设置【热键输入】组件通用属性中的"备注"为"使用 Tab 功能键，将光标移至下一输入框"；设置目标属性中的"键值"为"Tab"。【热键输入】组件的属性设置如图 4-39 所示。

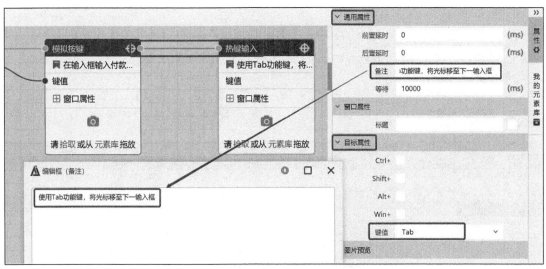

图4-39 【热键输入】组件的属性设置

选中"备注"为"将光标定位至第一个输入框"的【鼠标点击】组件，单击鼠标右键，从弹出的快捷菜单中选择【从当前步骤运行】命令，RPA机器人将自动填写付款信息，如图4-40所示。

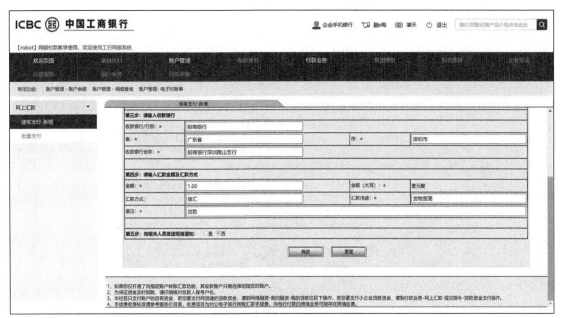

图4-40 自动填写付款信息

?想一想

【For循环】组件+【模拟按键】组件+【热键输入】组件实现了什么功能？"网银付款明细表-单条数据1001.xlsx"中的付款数据是按照付款业务功能页面各输入框顺序依次排列的，因此才能直接使用上述3个组件实现目标功能。若表格中的付款数据不是按照付款业务功能页面各输入框顺序依次排列的，应该怎样处理？

8. 添加【鼠标点击】组件

在【For 循环】组件后添加【鼠标点击】组件。单击【鼠标点击】组件上的【拾取】按钮，先按 F2 键暂停拾取，调出付款业务功能页面，再按 F2 键恢复拾取，框选付款业务功能页面中的【确定】按钮，如图 4-41 所示。

图 4-41 框选【确定】按钮（4）

设置【鼠标点击】组件通用属性中的"备注"为"确认已填写的付款信息"，如图 4-42 所示。

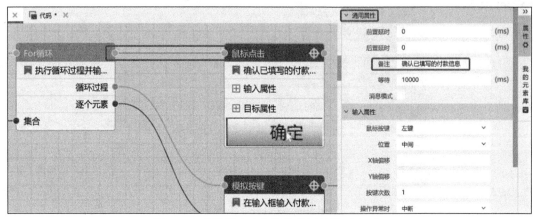

图 4-42 【鼠标点击】组件的属性设置（7）

只运行此组件，RPA 机器人将自动确认已填写的付款信息，如图 4-43 所示。

9. 继续添加【鼠标点击】组件

在【鼠标点击】组件后再添加一个【鼠标点击】组件。单击新增【鼠标点击】组件上的【拾取】按钮，先按 F2 键暂停拾取，调出付款业务功能页面，再按 F2 键恢复拾取，框选核对付款信息页面中的【确定】按钮，如图 4-44 所示。

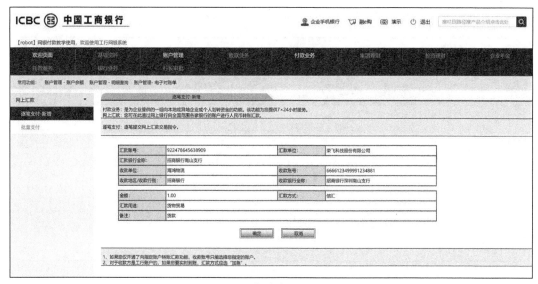

图 4-43 自动确认付款信息

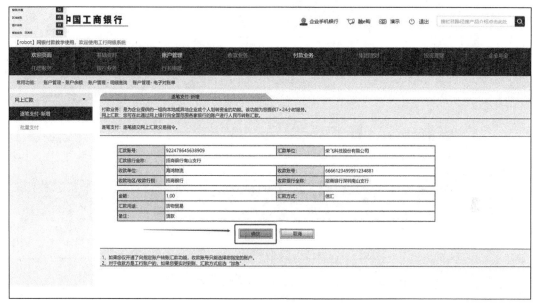

图 4-44 框选【确定】按钮（5）

设置新增【鼠标点击】组件通用属性中的"备注"为"确定付款"，如图 4-45 所示。

图 4-45 【鼠标点击】组件的属性设置（8）

只运行此组件，RPA 机器人将自动确定付款，如图 4-46 所示。

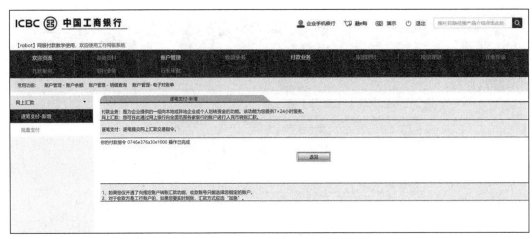

图 4-46　自动确定付款

四、校验是否付款成功并回填信息

1. 添加【获取文本】组件

为【序列】组件上的"序列 3"添加【获取文本】组件。单击【获取文本】组件上的【拾取】按钮，先按 F2 键暂停拾取，调出付款完成页面，再按 F2 键恢复拾取，框选付款完成页面中的"你的付款指令××××××××××××××××× 操作已完成"文本信息，如图 4-47 所示。

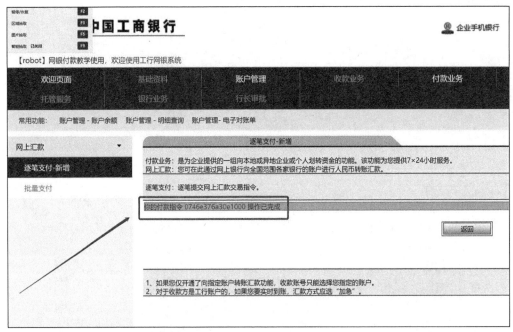

图 4-47　框选"你的付款指令××××××××××××××××× 操作已完成"文本信息

设置【获取文本】组件通用属性中的"备注"为"获取付款成功后的提示文本"，如图 4-48 所示。

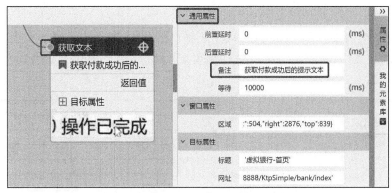

图 4-48　【获取文本】组件的属性设置

2. 添加【split】组件

在【获取文本】组件后添加【split】组件。设置【split】组件通用属性中的"备注"为"对获取的文本用空格进行切片";设置目标属性中的"str"为"' '"。【split】组件的属性设置如图 4-49 所示。

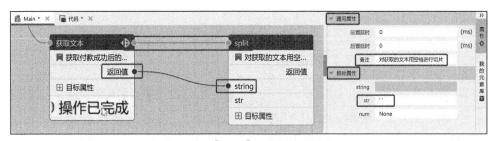

图 4-49　【split】组件的属性设置

> **❓ 想一想**
>
> 此处为何要使用【split】组件?

3. 新增流程变量 list

新增一个流程变量,设置"变量名称"为"list","变量描述"为"保存切片完成的文本组成的列表";连接【split】组件下的"返回值"和流程变量 list。流程变量 list 的属性设置如图 4-50 所示。

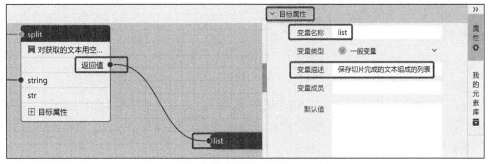

图 4-50　流程变量 list 的属性设置

4. 添加【IF 分支】组件

在【split】组件后添加【IF 分支】组件。设置【IF 分支】组件通用属性中的"备注"为"判断付款操作是否完成";设置输入属性中的"条件 1"为"list[2] == '操作已完成'"。【IF 分支】组件的属性设置如图 4-51 所示。

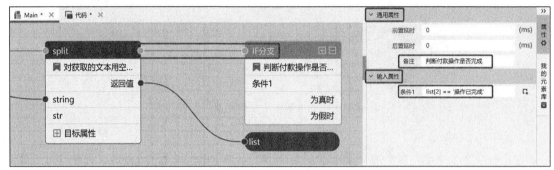

图 4-51 【IF 分支】组件的属性设置

 想一想

此处为什么要使用【IF 分支】组件,这样设置"条件 1"的原因是什么?

5. 添加【单元格写入】组件

为【IF 分支】组件的"为真时"添加【单元格写入】组件。设置【单元格写入】组件通用属性中的"备注"为"在表格对应位置写入付款结果";设置目标属性中的"文件"为"C:/RPA1001/Bank_Payments1001/网银付款明细表-单条数据 1001.xlsx'","内容"为"是'","单元格"为"N2'","打开方式"为"应用"。【单元格写入】组件的属性设置如图 4-52 所示。

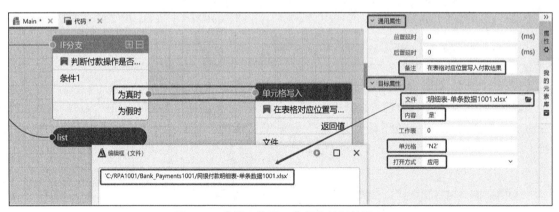

图 4-52 【单元格写入】组件的属性设置

6. 添加【当前日期】组件

在【单元格写入】组件后添加【当前日期】组件。设置【当前日期】组件通用属性中的"备注"为"获取当前日期";设置目标属性中的"format"为"'%y/%m/%d'"。【当前日期】组件的属性设置如图 4-53 所示。

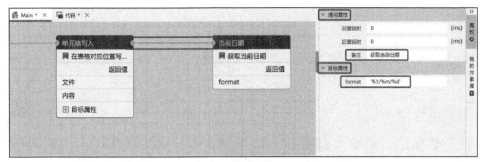

图 4-53 【当前日期】组件的属性设置

7. 添加【单元格写入】组件

在【当前日期】组件后添加【单元格写入】组件。设置【单元格写入】组件通用属性中的"备注"为"在表格对应位置写入当前日期";设置目标属性中的"文件"为"'C:/RPA1001/Bank_Payments1001/网银付款明细表-单条数据 1001.xlsx'","单元格"为"'O2'","打开方式"为"应用";将【单元格写入】组件上的"内容"与【当前日期】组件上的"返回值"进行连接。【单元格写入】组件的属性设置如图 4-54 所示。

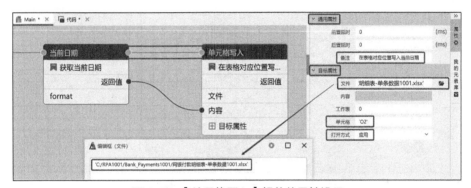

图 4-54 【单元格写入】组件的属性设置

8. 添加【消息框】组件

为【IF 分支】组件的"为假时"添加【消息框】组件。设置【消息框】组件通用属性中的"备注"为"弹出警告消息框";设置输入属性中的"内容"为"付款失败,请暂停运行流程并查找错误原因!";设置目标属性中的"标题"为"警告!"。【消息框】组件的属性设置如图 4-55 所示。

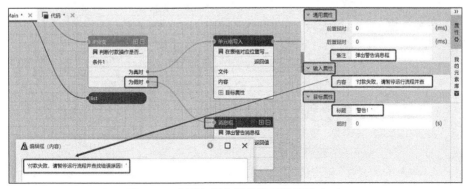

图 4-55 【消息框】组件的属性设置（1）

9. 添加【鼠标点击】组件

在【IF 分支】组件后添加【鼠标点击】组件。单击【鼠标点击】组件上的【拾取】按钮，先按 F2 键暂停拾取，调出付款完成页面，再按 F2 键恢复拾取，框选付款完成页面中的【返回】按钮，如图 4-56 所示。

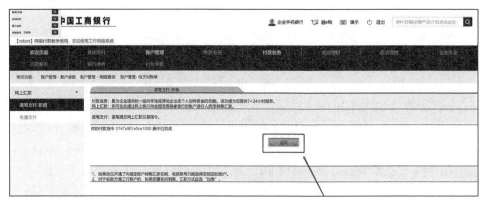

图 4-56　框选【返回】按钮

设置【鼠标点击】组件通用属性中的"备注"为"返回付款业务功能页面"，如图 4-57 所示。

图 4-57　【鼠标点击】组件的属性设置（9）

只运行此组件，RPA 机器人将自动返回付款业务功能页面，如图 4-58 所示。

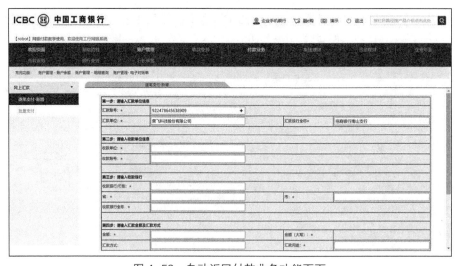

图 4-58　自动返回付款业务功能页面

五、退出平台并提示用户流程结束

1. 添加【鼠标点击】组件

为【序列】组件上的"序列4"添加【鼠标点击】组件。单击【鼠标点击】组件上的【拾取】按钮，先按 F2 键暂停拾取，调出付款业务功能页面，再按 F2 键恢复拾取，框选右上角的【退出】按钮，如图 4-59 所示。

图 4-59 框选【退出】按钮

设置【鼠标点击】组件通用属性中的"备注"为"账号退出登录"，如图 4-60 所示。

图 4-60 【鼠标点击】组件的属性设置（10）

只运行此组件，RPA 机器人将自动退出网银系统，如图 4-61 所示。

图 4-61 自动退出网银系统

2. 添加【消息框】组件

在【鼠标点击】组件后添加【消息框】组件。设置【消息框】组件通用属性中的"备注"为"提示用户流程结束";设置输入属性中的"内容"为"流程运行结束!";设置目标属性中的"标题"为"提示!"。【消息框】组件的属性设置如图 4-62 所示。

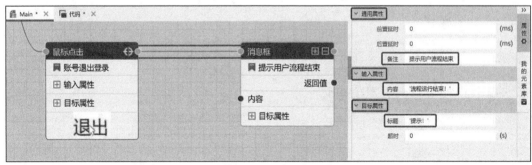

图 4-62 【消息框】组件的属性设置（2）

六、运行调试并保存

关闭谷歌浏览器，单击 RPA 设计器界面右上角的【运行】按钮，程序运行完后会自动弹出流程运行结束的提示框，如图 4-63 所示。

单击提示框中的【确定】按钮，可见设计器控制台提示"运行完成"，且"网银付款明细表-单条数据 1001.xlsx"的单元格"N2"中写入了付款成功信息"是"，单元格"O2"中写入了付款日期，如图 4-64 所示。

图 4-63　自动弹出流程运行结束的提示框

	M	N	O
1	备注	是否付款	付款日期
2	货款	是	2023/04/27
3			

图 4-64　运行结果（2）

确认流程无误后，单击【保存】按钮保存工程。

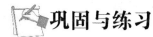 **巩固与练习**

思考若在网银登录环节采用验证码方式登录，需要怎样调整网银付款机器人的流程。

RPA 财务应用——
设计与开发报表采集机器人

学习目标

1. 了解报表采集场景中常见的业务及业务流程。
2. 熟悉报表采集场景中 RPA 流程自动化的需求。
3. 掌握报表采集场景中 RPA 机器人的设计和开发方法。
4. 培养精益求精、一丝不苟的职业精神和求真务实的工作作风。

职业素养点拨

事半功倍

亚马逊公司是最早的电子商务公司之一，它利用互联网将传统的书店业务搬到了线上。通过采集、分析、预测行业数据并适应行业趋势，亚马逊公司不断扩大其业务范围，从一家图书销售公司变成了全球最大的在线零售商。

借助自动化工具进行数据批量采集，可以增加企业财务管理过程中数据分析的样本，帮助企业抓住市场机遇，从而获得竞争优势，取得商业成功。

知识准备

大数据时代，数据采集是市场研究的重要组成部分，也是进行科学性数据分析的基础。企业要进行智能化财务转型，必然离不开财务大数据的支撑，因此财务数据采集相当重要。数据的准确性直接关系到财务数据分析结果的价值，所以有效的数据采集是进行财务大数据分析的前提。

任务场景

企业在制订战略发展计划时，除了要关注自身的经营状况、财务数据等，还要借助各种渠道对行业内其他企业的经营大数据、财务大数据进行收集，通过与自身数据的分析、对比，制订更加符合行业发展规律、市场规律的战略方针，以获取更广阔的市场。

财务报表是企业经营状况的晴雨表，往往能直观反映企业的盈利能力、营运能力、偿债能力等。因此，在财务数据采集中，财务报表采集十分重要。

人工处理模式下的财务报表采集需要财务人员登录相关网站（如上海证券交易所官网），输入目标公司的名称或股票代码，然后查询相关信息并下载到指定地址，另存为指定名称，方便后续进行财务指标分析时直接引用。整个流程虽然不复杂，但是相当烦琐。因此，财务部门想设计一款报表采集机器人，替代人工执行这些重复且耗时的工作。

任务要求

设计一个 RPA 机器人，自动登录财务报表采集网站（如上海证券交易所官网），自动查询目标企业的财务报表，并以指定名称格式保存至指定地址。具体要求如下。

（1）单击【运行】按钮，运行报表采集机器人。

（2）智能打开报表采集平台。

（3）智能输入待采集对象的股票代码。

（4）智能单击【搜索】按钮。

（5）智能单击【资产负债表】按钮并进行采集。

（6）智能单击【利润表】按钮并进行采集。

（7）智能单击【现金流量表】按钮并进行采集。

（8）智能判断是否采集完成。

（9）智能结束采集。

试一试

手动打开报表采集平台，完成财务报表采集操作，体验人工进行财务报表采集的流程，总结数据采集过程中有哪些注意事项。

流程设计

根据任务场景和任务要求，报表采集机器人的流程设计如图 5-1 所示。

演示视频

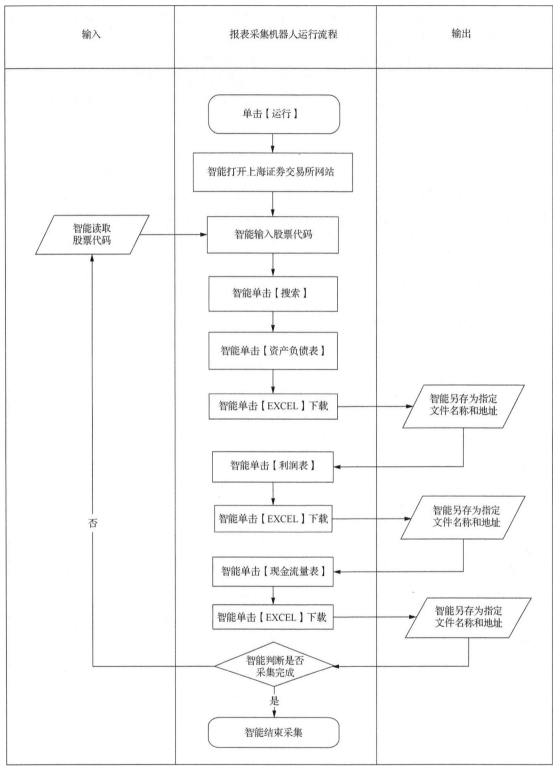

图 5-1　报表采集机器人的流程设计

开发方案

报表采集机器人的开发方案如表 5-1 所示。

表 5-1　　　　　　　　　　　　报表采集机器人的开发方案

序号	操作步骤	添加组件/新增变量
1	前期准备	新建文件夹
		修改谷歌浏览器下载文件设置
		新建工程
2	打开报表采集网页	添加【网站】组件
		打开报表采集平台页面
		在【网站】组件后添加【最大化窗口】组件
3	循环采集各公司三大财务报表	在【最大化窗口】组件后添加【For 循环】组件
		新增流程变量 CompanyCode
		为【For 循环】组件的过程添加【设置文本】组件
		在【设置文本】组件后添加【鼠标点击】组件
		在【鼠标点击】组件后添加【序列】组件
4	分步采集资产负债表	为【序列】组件上的"序列 1"添加【鼠标点击】组件
		在【鼠标点击】组件后添加【鼠标点击】组件
		在【鼠标点击】组件后添加【鼠标点击】组件
		在【鼠标点击】组件后添加【模拟按键】组件
		在【模拟按键】组件后添加【模拟按键】组件
		在【模拟按键】组件后添加【热键输入】组件
		在【热键输入】组件后添加【热键输入】组件
5	分步采集利润表	为【序列】组件上"序列 2"添加【鼠标点击】组件
		在【鼠标点击】组件后添加【鼠标点击】组件
		在【鼠标点击】组件后添加【鼠标点击】组件
		在【鼠标点击】组件后添加【模拟按键】组件
		在【模拟按键】组件后添加【模拟按键】组件
		在【模拟按键】组件后添加【热键输入】组件
		在【热键输入】组件后添加【热键输入】组件
6	分步采集现金流量表	为【序列】组件上"序列 3"添加【鼠标点击】组件
		在【鼠标点击】组件后添加【鼠标点击】组件
		在【鼠标点击】组件后添加【鼠标点击】组件
		在【鼠标点击】组件后添加【模拟按键】组件
		在【模拟按键】组件后添加【模拟按键】组件
		在【模拟按键】组件后添加【热键输入】组件
		在【热键输入】组件后添加【热键输入】组件
		为【序列】组件上"序列 4"添加【鼠标点击】组件
7	提示流程结束	在【For 循环】组件后添加【消息框】组件
8	运行调试并保存	运行调试流程并保存

一、前期准备

1. 新建文件夹

在 C 盘根目录下新建文件夹，用来保存 RPA 机器人的所有资料。文件夹的命名格式为"RPA+学号"（若前面已创建，则无须重复创建）。打开"RPA+学号"文件夹，在该文件夹下新建子文件夹，命名格式为"Report_Collection+学号"。打开"Report_Collection+学号"文件夹，在该文件夹下新建子文件夹，命名格式为"各公司近三年财务报表+学号"，用于保存采集到的所有财务报表。以学号 1001 为例，文件夹层级如图 5-2 所示。

《 RPA1001 › Report_Collection1001 › 各公司近三年财务报表1001

图 5-2　文件夹层级

2. 修改谷歌浏览器下载文件设置

进入谷歌浏览器，执行【设置】→【高级】→【下载内容】命令，在【下载内容】下更改"位置"为"C:\RPA+学号\Report_Collection+学号\各公司近三年财务报表+学号"，打开"下载前询问每个文件的保存位置"开关按钮，设置完成后关闭浏览器。以学号 1001 为例，设置界面如图 5-3 所示。

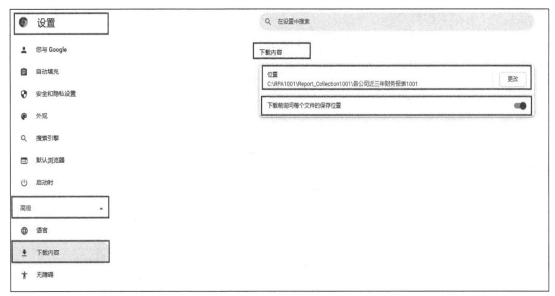

图 5-3　浏览器设置

3. 新建工程

打开 iS-RPA 设计器，新建工程，命名格式为"RPA_Report_Collection+学号"，选择路径为"C:/RPA+学号/Report_Collection+学号"。以学号 1001 为例，新建工程界面如图 5-4 所示。

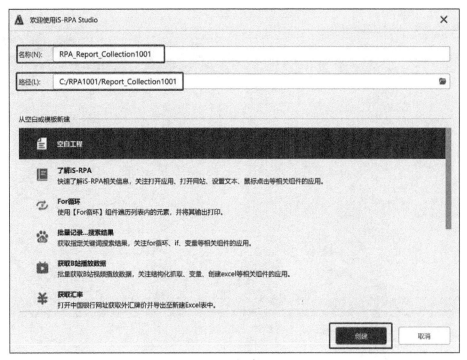

图 5-4　新建工程

二、打开报表采集网页

1. 添加【网站】组件

在【开始】组件后添加【网站】组件。设置【网站】组件通用属性中的"备注"为"打开报表采集网站";设置目标属性中的"路径"为谷歌浏览器在本地计算机上的存放地址(格式为"r'+谷歌浏览器在本地计算机中的路径+\chrome.exe'"),"网址"为"http://ip:端口/KtpDataming/datasource/listxbrl/index'"。【网站】组件的属性设置如图 5-5 所示。

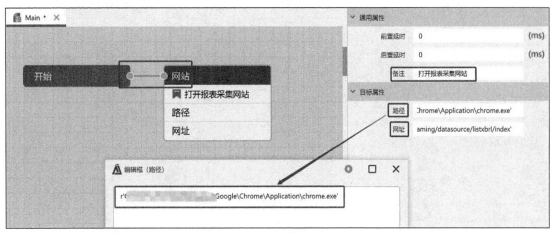

图 5-5　【网站】组件的属性设置

运行【网站】组件,可以看到 RPA 机器人会自动打开指定的报表采集平台页面,如图 5-6 所示。

图 5-6　自动打开指定的报表采集页面

2. 添加【最大化窗口】组件

若每次打开的操作窗口显示尺寸不一致，会导致元素定位不准确，通常需要将网页窗口最大化后再进行后续的操作。在【网站】组件后添加【最大化窗口】组件。单击【最大化窗口】组件上的【拾取】按钮，先按 F2 键暂停拾取，调出报表采集页面，再按 F2 键恢复拾取，框选报表采集页面，如图 5-7 所示。

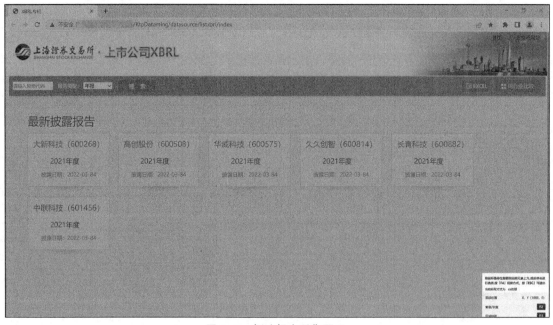

图 5-7　框选报表采集页面

拾取完成后，设置【最大化窗口】组件通用属性中的"前置延时"为"500"，"备注"为"使网页窗口最大化"，如图 5-8 所示。

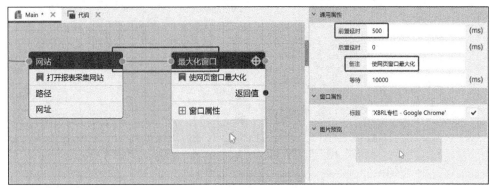

图 5-8 【最大化窗口】组件的属性设置

三、循环采集各公司三大财务报表

1. 添加【For 循环】组件

在【最大化窗口】组件后添加【For 循环】组件。设置【For 循环】组件通用属性中的"前置延时"为"500"，"备注"为"循环传递各公司股票代码"，如图 5-9 所示。

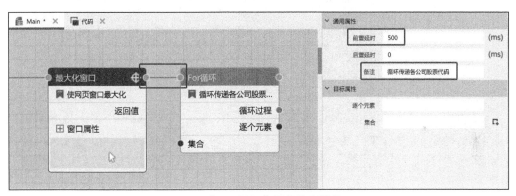

图 5-9 【For 循环】组件的属性设置

2. 新增流程变量 CompanyCode

根据任务场景，采集报表时通常需要查询多个公司的财务信息，因此，可以将这些公司的股票代码保存到变量中，方便后续遍历输出。

单击流程变量后的 ➕ 按钮，新增流程变量并命名为"CompanyCode"，修改"变量描述"为"保存各上市公司股票代码"，设置"默认值"为"['600575','601456','600814','600882','600508','600268']"，并将流程变量 CompanyCode 与【For 循环】组件上的"集合"进行连接，使变量中保存的股票代码传递给【For 循环】组件。流程变量 CompanyCode 的属性设置如图 5-10 所示。

3. 添加【设置文本】组件

为【For 循环】组件的"循环过程"添加【设置文本】组件。单击【设置文本】组件上的【拾取】按钮，先按 F2 键暂停拾取，调出已最大化的报表采集页面，再按 F2 键恢复拾取，框选报表采集页面中的股票代码输入框，如图 5-11 所示。

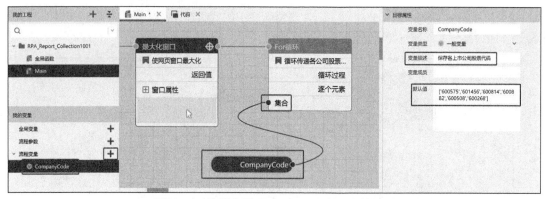

图 5-10　流程变量 CompanyCode 的属性设置

图 5-11　框选股票代码输入框

设置【设置文本】组件通用属性中的"前置延时"为"500"，"备注"为"输入公司股票代码"，并连接【For 循环】组件上的"逐个元素"与【设置文本】组件上的"文本"，使【For 循环】组件中的股票代码通过"逐个元素"逐个传递给"文本"。【设置文本】组件的属性设置如图 5-12 所示。

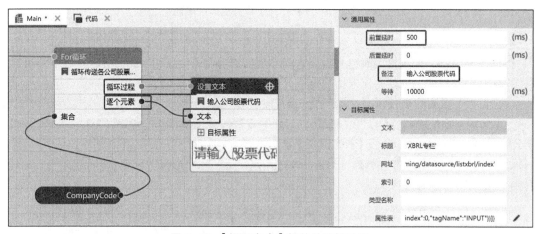

图 5-12　【设置文本】组件的属性设置

4. 添加【鼠标点击】组件

在【设置文本】组件后添加【鼠标点击】组件。单击【鼠标点击】组件上的【拾取】按钮，先按 F2 键暂停拾取，调出报表采集平台页面，手动输入一个股票代码"600575"，再按 F2 键恢复拾取，框选报表采集平台页面中的【搜索】按钮，如图 5-13 所示。

图 5-13　框选【搜索】按钮

设置【鼠标点击】组件通用属性中的"前置延时"为"200"，修改"备注"为"点击搜索按钮"，如图 5-14 所示。

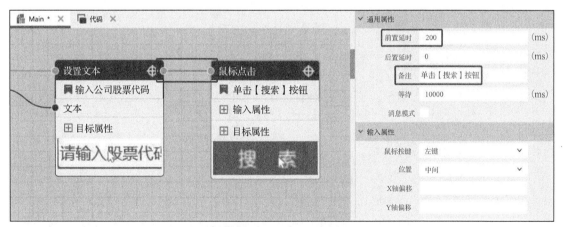

图 5-14　【鼠标点击】组件的属性设置（1）

选中【鼠标点击】组件，单击鼠标右键，从弹出的快捷菜单中选择【只运行此组件】命令，可以看到 RPA 机器人自动单击【搜索】按钮进入公司详情页面，如图 5-15 所示。

5. 添加【序列】组件

在【鼠标点击】组件后添加【序列】组件。设置【序列】组件通用属性中的"备注"为"分步采集三大财务报表"，如图 5-16 所示。

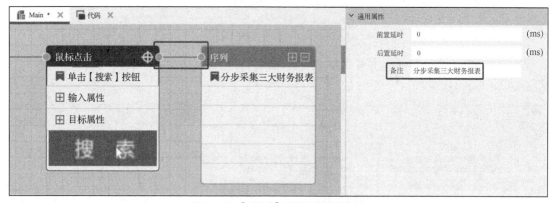

图 5-15　进入公司详情页面

图 5-16　【序列】组件的属性设置

四、分步采集资产负债表

1. 添加【鼠标点击】组件

为【序列】组件上的"序列 1"添加【鼠标点击】组件。单击【鼠标点击】组件上的【拾取】按钮，先按 F2 键暂停拾取，调出已打开的公司详情页面，再按 F2 键恢复拾取，框选公司详情页面中的【资产负债表】按钮，如图 5-17 所示。

设置【鼠标点击】组件通用属性中的"前置延时"为"200"，"备注"为"定位资产负债表采集页面"。

【鼠标点击】组件目标属性中的"网址"属性记录了当前拾取元素所在页面的网址信息，执行过程中，要是网址发生变化导致无法正常执行，可以用通配符 * 代替变化的部分。因为在循环中，各公司的资产负债表网址只有"stock_id"在变化，故将"stock_id=600575"更改为"stock_id=*"。因此，将目标属性中的网址"http://ip:端口/KtpDatamining/datasource/listxbrl/detail?stock_id=600575&report_period_id=1"更改为"http://ip:端口/KtpDatamining/datasource/listxbrl/detail?

stock_id=*&report_period_id=1'"。【鼠标点击】组件的属性设置如图 5-18 所示。

图 5-17　框选【资产负债表】按钮

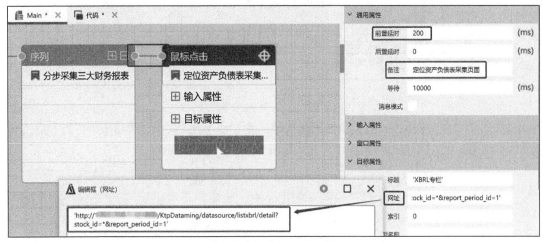

图 5-18　【鼠标点击】组件的属性设置（2）

2. 继续添加【鼠标点击】组件

在【鼠标点击】组件后再添加一个【鼠标点击】组件。单击新增【鼠标点击】组件上的【拾取】按钮，先按 F2 键暂停拾取，调出资产负债表页面，再按 F2 键恢复拾取，框选资产负债表页面中的【EXCEL】按钮，如图 5-19 所示。

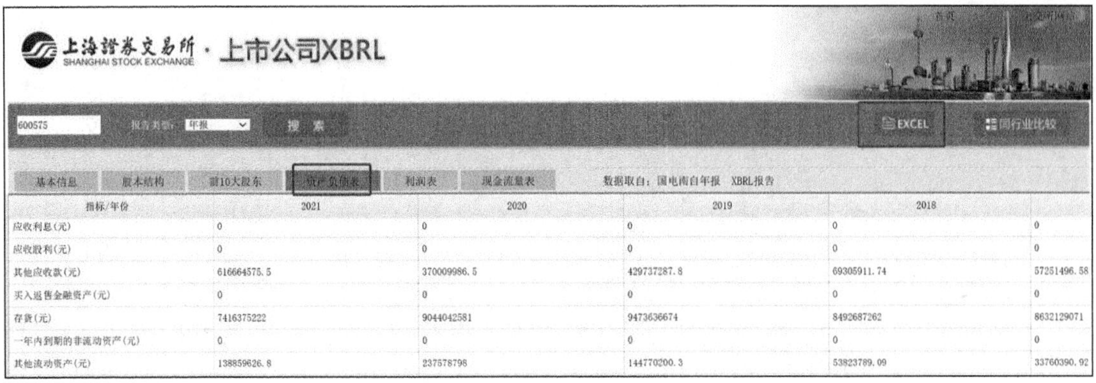

图 5-19　框选【EXCEL】按钮（1）

设置新增【鼠标点击】组件通用属性中的"前置延时"为"200"，修改"备注"为"单击EXCEL 按钮，进行报表采集"；将目标属性中的"网址"由"http://ip:端口/KtpDataming/datasource/

listxbrl/detail?stock_id=600575&report_period_id=1"更改为"http://ip:端口/KtpDataming/datasource/listxbrl/detail?stock_id=*&report_period_id=1"。新增【鼠标点击】组件的属性设置如图 5-20 所示。

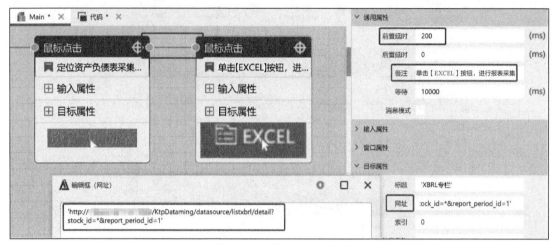

图 5-20 【鼠标点击】组件的属性设置（3）

运行【鼠标点击】组件，RPA 机器人将自动单击【EXCEL】按钮，弹出【另存为】对话框，如图 5-21 所示。此时不要做任何操作，直接返回 iS-RPA 设计器界面。

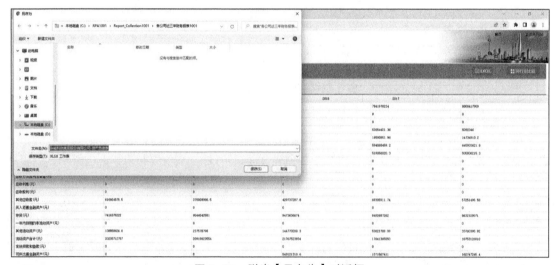

图 5-21 弹出【另存为】对话框

3. 继续添加【鼠标点击】组件

所有下载的财务报表，其名称都需增加学号作为后缀来区分，如"××公司资产负债表1001"。因此，需要定位【另存为】对话框中的文件名元素，并在默认文件名后增加学号。

首先需要将光标移到需要修改的位置，在【鼠标点击】组件后再添加一个【鼠标点击】组件。单击新增【鼠标点击】组件上的【拾取】按钮，先按 F2 键暂停拾取，调出已打开的网站的【另存为】对话框，再按 F2 键恢复拾取，框选【另存为】对话框中的【文件名】输入框，将鼠标拾取的坐标位置移到【文件名】输入框的中后段，如图 5-22 所示。

图 5-22　拾取【文件名】输入框的中后段（1）

拾取成功后，设置【鼠标点击】组件通用属性中的"前置延时"为"200"，修改"备注"为"定位光标至文件名后"，如图 5-23 所示。

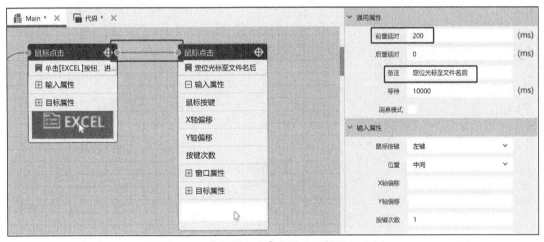

图 5-23　【鼠标点击】组件的属性设置（4）

? 想一想

若【鼠标点击】组件拾取时光标坐标为【文件名】输入框的前半部分，会出现什么效果？

4．添加【模拟按键】组件

将光标移到需要修改的位置后，由于需要在默认文件名后输入学号，因此在【鼠标点击】组件后添加一个【模拟按键】组件。设置【模拟按键】组件通用属性中的"前置延时"为"200"，"备注"为"模拟在文件名后添加学号"；设置目标属性中的"键值"为具体的学号（以学号 1001 为例，设置"键值"为"'1001'"）。【模拟按键】组件的属性设置如图 5-24 所示。

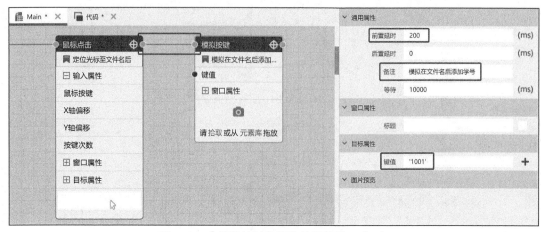

图 5-24 【模拟按键】组件的属性设置（1）

5. 继续添加【模拟按键】组件

在【模拟按键】组件后再添加一个【模拟按键】组件。设置新增【模拟按键】组件通用属性中的"前置延时"为"200"，"备注"为"确认保存"；设置目标属性中的"键值"为"'{ENTER}'"。新增【模拟按键】组件的属性设置如图 5-25 所示。

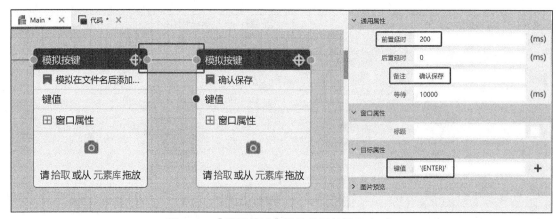

图 5-25 【模拟按键】组件的属性设置（2）

6. 运行校验

选中模拟单击【EXCEL】按钮的【鼠标点击】组件，单击鼠标右键，从弹出的快捷菜单中选择【从当前步骤运行】命令，可以看到 RPA 机器人会自动单击【EXCEL】按钮，自动修改文件保存名称并保存。运行结束后，报表采集页面下方会显示已下载的报表文件，如图 5-26 所示。

图 5-26 自动修改文件保存名称并保存

7. 添加【热键输入】组件

执行下载命令时，谷歌浏览器下方会出现下载状态栏，该状态栏会影响 RPA 机器人定位识别，因此需要消除。消除方法如下：打开谷歌浏览器下载内容页面（可按"Ctrl+J"组合键），再返回报表采集页面。在设计器中，组合键的功能可通过【热键输入】组件实现。

因此，在【模拟按键】组件后添加【热键输入】组件。设置【热键输入】组件通用属性中的"前置延时"为"200"，"备注"为"打开谷歌浏览器下载内容页面"；勾选目标属性中的"Ctrl+"复选框，设置"键值"为"j"。【热键输入】组件的属性设置如图 5-27 所示。

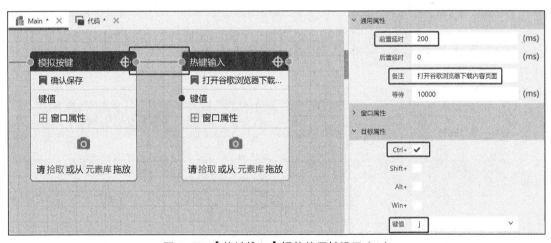

图 5-27 【热键输入】组件的属性设置（1）

8. 继续添加【热键输入】组件

上一步打开了谷歌浏览器的下载内容页面，现需关闭下载内容页面，这时可用"Ctrl+W"组合键关闭当前页面。

在【热键输入】组件后再添加一个【热键输入】组件。设置新增【热键输入】组件通用属性中的"前置延时"为"200","备注"为"关闭谷歌浏览器下载内容页面";勾选目标属性中的"Ctrl+"复选框,设置"键值"为"w"。新增【热键输入】组件的属性设置如图 5-28 所示。

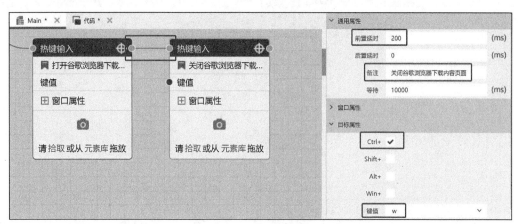

图 5-28 【热键输入】组件的属性设置(2)

五、分步采集利润表

1. 添加【鼠标点击】组件

采集完资产负债表后,接着采集同一公司的利润表。其操作步骤与采集资产负债表类似,首先进入利润表页面,然后完成采集操作。

为【序列】组件上的"序列 2"添加【鼠标点击】组件。单击【鼠标点击】组件上的【拾取】按钮,先按 F2 键暂停拾取,调出同一公司的公司详情页面(若下方有谷歌浏览器的下载内容提示框,需手动关闭,否则会影响拾取定位),再按 F2 键恢复拾取,框选公司详情页面中的【利润表】按钮,如图 5-29 所示。

图 5-29 框选【利润表】按钮

设置【鼠标点击】组件通用属性中的"前置延时"为"200","备注"为"定位至利润表采集页面"。

"网址"属性记录了当前拾取元素所在页面的网址,执行过程中,要是网址发生变化导致无法正常执行,可以用通配符 * 代替变化的部分。因为在循环中,各公司的利润表网址只有"stock_id"在变化,故将"stock_id=600575"更改为"stock_id=*"。因此,将【鼠标点击】组件目标属性中的

"网址"由"http://ip:端口/KtpDataming/datasource/listxbrl/detail?stock_id=600575&report_period_id=1"
更改为"http://ip:端口/KtpDataming/datasource/listxbrl/detail?stock_id=*&report_period_id=1"。【鼠
标点击】组件的属性设置如图 5-30 所示。

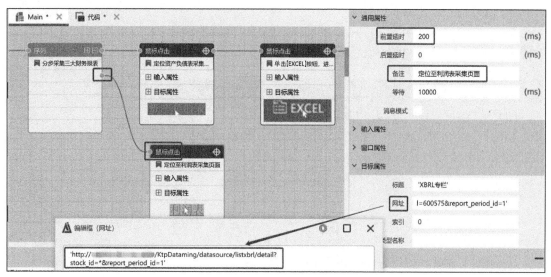

图 5-30　【鼠标点击】组件的属性设置（5）

想一想

　　若【鼠标点击】组件在拾取利润表时，光标虽然定位于【利润表】，但拾取框不能精准框选
（见图 5-31），可能是什么原因导致的？应如何解决？

图 5-31　元素拾取定位不准确

2. 继续添加【鼠标点击】组件

在【鼠标点击】组件后再添加一个【鼠标点击】组件。单击新增【鼠标点击】组件上的【拾取】按钮，先按 F2 键暂停拾取，调出公司利润表页面，再按 F2 键恢复拾取，框选利润表页面中的【EXCEL】按钮，如图 5-32 所示。

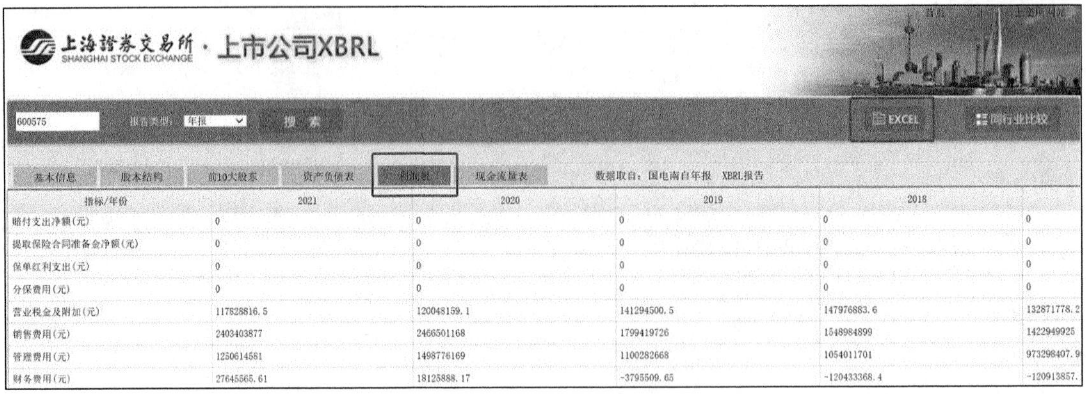

图 5-32 框选【EXCEL】按钮（2）

设置新增【鼠标点击】组件通用属性中的"前置延时"为"200"，"备注"为"单击【EXCEL】按钮，进行报表采集"；将目标属性中的"网址"由"http://ip:端口/KtpDataming/datasource/listxbrl/detail?stock_id=600575&report_period_id=1"更改为"http://ip:端口/KtpDataming/datasource/listxbrl/detail?stock_id=*&report_period_id=1"。新增【鼠标点击】组件的属性设置如图 5-33 所示。

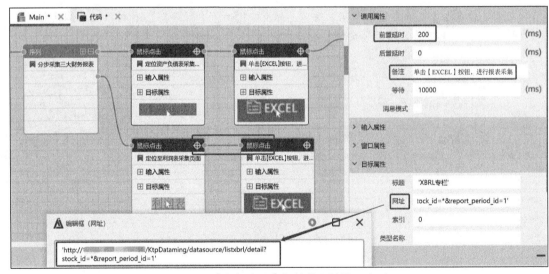

图 5-33 【鼠标点击】组件的属性设置（6）

3. 继续添加【鼠标点击】组件

在【鼠标点击】组件后再添加一个【鼠标点击】组件。单击新增【鼠标点击】组件上的【拾取】按钮，先按 F2 键暂停拾取，手动单击【EXCEL】按钮调出【另存为】对话框，再按 F2 键恢复拾取，框选【另存为】对话框中的【文件名】输入框，将鼠标拾取的坐标位置移到【文件名】输入框的中后段，如图 5-34 所示。

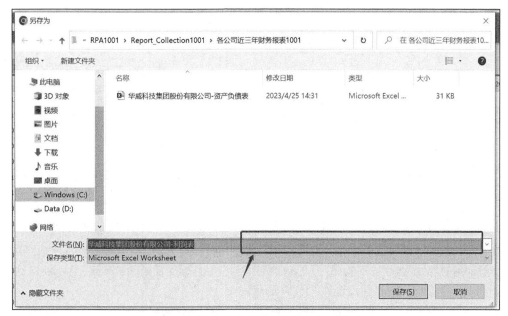

图 5-34　拾取【文件名】输入框的中后段（2）

　　拾取成功后，设置【鼠标点击】组件通用属性中的"前置延时"为"200"，"备注"为"定位光标至文件名后"，如图 5-35 所示。

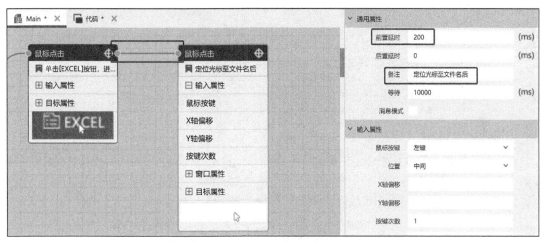

图 5-35　【鼠标点击】组件的属性设置（7）

4. 添加【模拟按键】组件

　　将鼠标拾取的坐标位置移动到【文件名】输入框的中后段后，需要在默认文件名后输入学号，因此在【鼠标点击】组件后要再添加一个【模拟按键】组件。

　　设置【模拟按键】组件通用属性中的"前置延时"为"200"，"备注"为"模拟在文件名后添加学号"；设置目标属性中的"键值"为学号，以学号 1001 为例，设置"键值"为"'1001'"。【模拟按键】组件的属性设置如图 5-36 所示。

图 5-36 【模拟按键】组件的属性设置（3）

5. 继续添加【模拟按键】组件

在【模拟按键】组件后再添加一个【模拟按键】组件。设置新增【模拟按键】组件通用属性中的"前置延时"为"200"，"备注"为"确认保存"；设置目标属性中的"键值"为"'{ENTER}'"。新增【模拟按键】组件的属性设置如图 5-37 所示。

图 5-37 【模拟按键】组件的属性设置（4）

6. 添加【热键输入】组件

在【模拟按键】组件后添加【热键输入】组件。设置【热键输入】组件通用属性中的"前置延时"为"200"，"备注"为"打开谷歌浏览器下载内容页面"；勾选目标属性中的"Ctrl+"复选框，设置"键值"为"j"。【热键输入】组件的属性设置如图 5-38 所示。

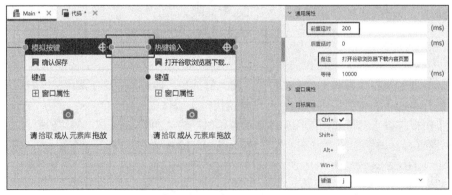

图 5-38 【热键输入】组件的属性设置（3）

7．继续添加【热键输入】组件

上一步打开了谷歌浏览器的下载内容页面，现需要关闭下载内容页面，因此可用"Ctrl+W"组合键关闭当前页面。

在【热键输入】组件后再添加一个【热键输入】组件。设置新增【热键输入】组件通用属性中的"前置延时"为"200"，"备注"为"关闭谷歌浏览器下载内容页面"；勾选目标属性中的"Ctrl+"复选框，设置"键值"为"w"。新增【热键输入】组件的属性设置如图 5-39 所示。

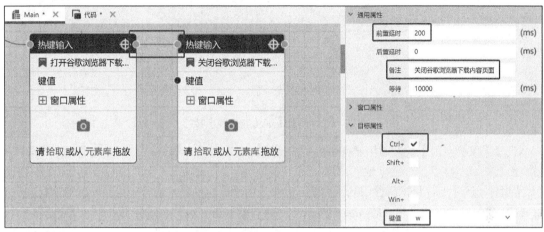

图 5-39　【热键输入】组件的属性设置（4）

想一想

结合采集报表过程，观察【序列】组件中"序列 1"和"序列 2"的流程设计，思考在采集利润表和现金流量表时，哪些流程可从"序列 1"中直接复制使用，而无须再次新增并调整参数。"序列 1"和"序列 2"的流程如图 5-40 所示。

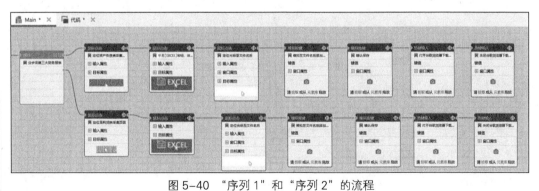

图 5-40　"序列 1"和"序列 2"的流程

六、分步采集现金流量表

1．添加【鼠标点击】组件

为【序列】组件上的"序列 3"添加【鼠标点击】组件。单击【鼠标点击】组件上的【拾取】按钮，先按 F2 键暂停拾取，调出公司详情页面，再按 F2 键恢复拾取，框选公司详情页面中的【现金流量表】按钮，如图 5-41 所示。

图 5-41　框选【现金流量表】按钮

设置【鼠标点击】组件通用属性中的"前置延时"为 200，"备注"为"定位至现金流量表采集页面"。

【鼠标点击】组件目标属性中的"网址"属性记录了当前拾取元素所在页面的网址信息，执行过程中，要是网址发生变化导致无法正常执行，可以用通配符 * 代替变化的部分。因为在循环中，各公司的现金流量表网址只有"stock_id"在变化，故将"stock_id=600575"更改为"stock_id=*"。因此，将目标属性中的"网址"由"http://ip:端口/KtpDatamining/datasource/listxbrl/detail?stock_id=600575&report_period_id=1"更改为"http://ip:端口/KtpDatamining/datasource/listxbrl/detail?stock_id=*&report_period_id=1"。【鼠标点击】组件的属性设置如图 5-42 所示。

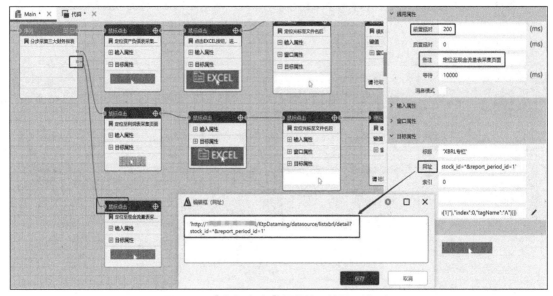

图 5-42　【鼠标点击】组件的属性设置（8）

2. 继续添加【鼠标点击】组件

在【鼠标点击】组件后再添加一个【鼠标点击】组件。单击新增【鼠标点击】组件上的【拾取】按钮，先按 F2 键暂停拾取，调出公司现金流量表页面，再按 F2 键恢复拾取，框选现金流量表页面中的【EXCEL】按钮，如图 5-43 所示。

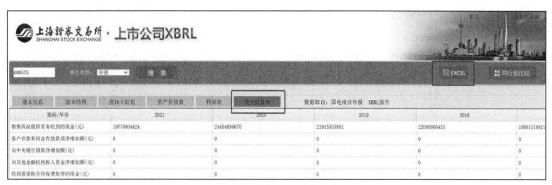

图 5-43　框选【EXCEL】按钮（3）

设置新增【鼠标点击】组件通用属性中的"前置延时"为 200，"备注"为"单击【EXCEL】按钮，进行报表采集"。

"网址"属性记录了当前拾取元素所在页面的网址信息，执行过程中，要是网址发生变化导致无法正常执行，可以用通配符 * 代替变化的部分。因为在循环下，各公司的现金流量表网址只有"stock_id"在变化，故将"stock_id=600575"更改为"stock_id=*"。因此，将【鼠标点击】组件目标属性中的"网址"由"http://ip:端口/KtpDataming/datasource/listxbrl/detail?stock_id=600575&report_period_id=1"更改为"http://ip:端口/KtpDataming/datasource/listxbrl/detail?stock_id=*&report_period_id=1"。新增【鼠标点击】组件的属性设置如图 5-44 所示。

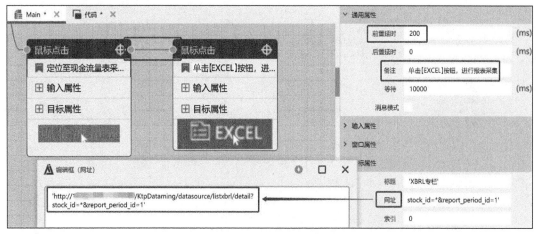

图 5-44　【鼠标点击】组件的属性设置（9）

3. 继续添加【鼠标点击】组件

在【鼠标点击】组件后再添加一个【鼠标点击】组件。单击新增【鼠标点击】组件上的【拾取】按钮，先按 F2 键暂停拾取，手动单击现金流量表页面的【EXCEL】按钮，调出【另存为】对话框，再按 F2 键恢复拾取，框选【另存为】对话框中的【文件名】输入框，将鼠标拾取的坐标位置移到【文件名】输入框的中后段，如图 5-45 所示。

图 5-45　拾取【文件名】输入框的中后段（3）

拾取成功后，设置新增【鼠标点击】组件通用属性中的"前置延时"为"200"，修改"备注"为"定位光标至文件名后"，如图 5-46 所示。

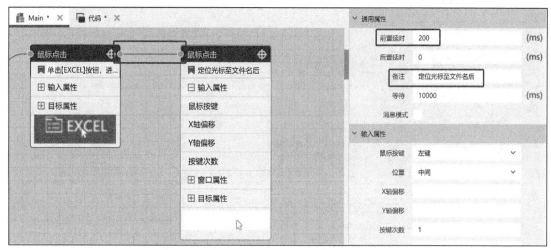

图 5-46　【鼠标点击】组件的属性设置（10）

4. 添加【模拟按键】组件

因为需要在默认文件名后输入学号，所以需要在【鼠标点击】组件后添加一个【模拟按键】组件。设置【模拟按键】组件通用属性中的"前置延时"为"200"，"备注"为"模拟在文件名后添加学号"；设置目标属性中的"键值"为学号，以学号 1001 为例，设置"键值"为"'1001'"。【模拟按键】组件的属性设置如图 5-47 所示。

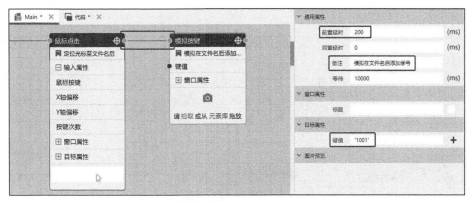

图 5-47 【模拟按键】组件的属性设置（5）

5. 继续添加【模拟按键】组件

在【模拟按键】组件后再添加一个【模拟按键】组件。设置新增【模拟按键】组件通用属性中的"前置延时"为"200"，"备注"为"确认保存"；设置目标属性中的"键值"为"'{ENTER}'"。新增【模拟按键】组件的属性设置如图 5-48 所示。

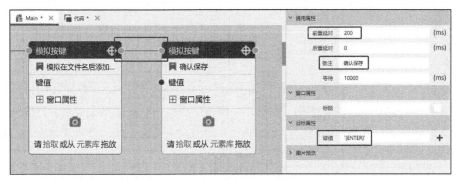

图 5-48 【模拟按键】组件的属性设置（6）

6. 添加【热键输入】组件

在【模拟按键】组件后添加【热键输入】组件。设置【热键输入】组件通用属性中的"前置延时"为"200"，"备注"为"打开谷歌浏览器下载内容页面"；勾选目标属性中的"Ctrl+"复选框，设置"键值"为"j"。【热键输入】组件的属性设置如图 5-49 所示。

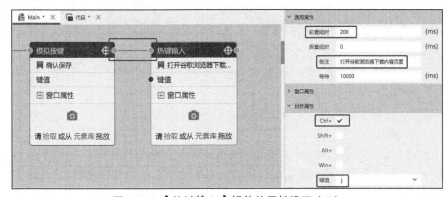

图 5-49 【热键输入】组件的属性设置（5）

7. 继续添加【热键输入】组件

上一步打开了谷歌浏览器的下载内容页面，现需关闭下载内容页面，因此可用"Ctrl+W"组合键关闭当前页面。

在【热键输入】组件后再添加一个【热键输入】组件。设置新增【热键输入】组件通用属性中的"前置延时"为"200"，"备注"为"关闭谷歌浏览器下载内容页面"；勾选目标属性中的"Ctrl+"复选框，设置"键值"为"w"。新增【热键输入】组件的属性设置如图 5-50 所示。

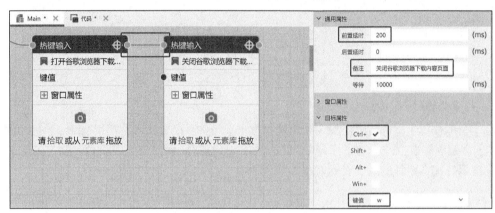

图 5-50 【热键输入】组件的属性设置（6）

8. 添加【鼠标点击】组件

在采集完三大报表后，按照流程规划，RPA 机器人应进入下一个循环，使用【For 循环】组件采集集合中下一家公司的报表信息。在循环开始前，应返回至报表采集首页，以方便输入股票代码，因此，需要在每次循环结束后、下次循环开始前刷新页面，回到报表采集首页。该操作可通过单击现金流量表页面右上角的【首页】按钮实现。

为【序列】组件上的"序列 4"添加【鼠标点击】组件。单击【鼠标点击】组件上的【拾取】按钮，先按 F2 键暂停拾取，调出现金流量表页面，再按 F2 键恢复拾取，框选【首页】按钮，如图 5-51 所示。

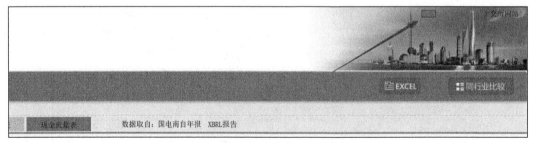

图 5-51 框选【首页】按钮

拾取完成后，设置【鼠标点击】组件通用属性中的"前置延时"为"200"，"备注"为"返回首页"。

【鼠标点击】组件目标属性中的"网址"属性记录了当前拾取元素所在页面的网址信息，执行过程中，要是网址发生变化导致无法正常执行，可以用通配符 * 代替变化的部分。因为在循环中，各公司的现金流量表网址只有"stock_id"在变化，故将"stock_id=600575"更改为"stock_id=*"。

因此，将【鼠标点击】组件目标属性中的"网址"由"'http://ip:端口/KtpDataming/datasource/listxbrl/detail?stock_id=600575&report_period_id=1'"更改为"'http://ip:端口/KtpDataming/datasource/listxbrl/detail?stock_id=*&report_period_id=1'"。【鼠标点击】组件的属性设置如图 5-52 所示。

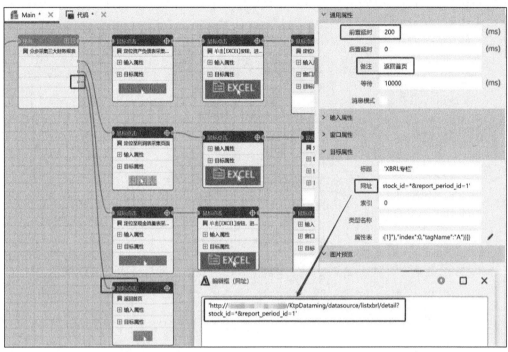

图 5-52 【鼠标点击】组件的属性设置（11）

七、提示用户流程结束

在【For 循环】组件后添加【消息框】组件。设置【消息框】组件通用属性中的"前置延时"为"200"，"备注"为"提示所有报表采集结束"；设置输入属性中的"内容"为"各公司三大财务报表已采集完成，请至下载地址查看！"；设置目标属性中的"标题"为"提示！"。【消息框】组件的属性设置如图 5-53 所示。

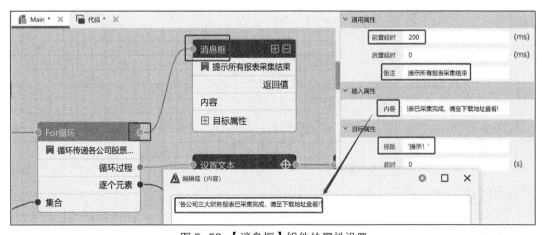

图 5-53 【消息框】组件的属性设置

八、运行调试并保存

关闭谷歌浏览器中的所有页面，清空"各公司近三年财务报表"文件夹，从【开始】组件运行 RPA 机器人。运行完成后，RPA 机器人会自动弹出提示框，提示运行结束，如图 5-54 所示。

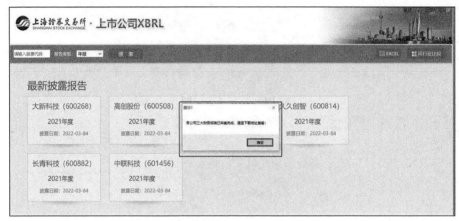

图 5-54　自动弹出提示框

打开"各公司近三年财务报表+学号"文件夹，已下载的财务报表如图 5-55 所示。

图 5-55　已下载的财务报表

单击提示框中的【确定】按钮后，可以看到设计器控制台提示"运行完成"。确认流程无误后，单击【保存】按钮保存工程。

巩固与练习

思考报表采集机器人开发工程中明显重复的流程应该怎样合理精简。

RPA 业务应用——
设计与开发采购订单机器人

学习目标

1. 了解采购业务场景中常见的业务及业务流程。
2. 熟悉采购业务场景中 RPA 流程自动化的需求。
3. 掌握采购业务场景 RPA 机器人的设计和开发方法。
4. 具备独立思考和主动探究能力。

职业素养点拨

合抱之木，生于毫末

"合抱之木，生于毫末"出自《老子》，意思是合抱的大树都是从小树苗开始生长的，比喻打好基础是发展壮大的关键。

在企业的经营过程中，销售、采购等业务环节就是公司发展壮大的基础和关键，高质、高效地做好相关环节的精细化管理，能为企业正常发展提供重要保障。

知识准备

在企业供应链管理过程中，采购部门经常需要根据生产或经营需要向供应商下达采购订单。采购订单是采购双方订立采购合同的重要依据，它包含采购所需的重要细节信息，如采购日期、采购组织、采购部门、采购员、商品名称、规格型号、采购数量、单价、税率、折扣、结算方式、付款计划、供应商信息、交货日期、交货地址、验收方式等。

任务场景

荣飞科技股份有限公司是一家集机器人生产、制造、销售为一体的大型企业，其采购部门每天都需要处理大量采购订单，同时因公司供应链管理处于起步阶段，采购部门还需要将来自不同数据源的采购订单数据集成到云星空系统中，难免有很多工作无法及时完成，因此采购部门希望借助 RPA 机器人实现自动化输入，减少人为错误和疏漏，提高数据的准确性，同时减少人工输入和处理的时间及成本，提高采购订单管理的效率和准确性。

手动登录金蝶云星空平台，体验人工进行外部订单数据引入的流程，总结操作过程中有哪些注意事项。

任务要求

　　荣飞科技股份有限公司已通过 OCR 将采购合同信息整理为采购订单明细表（见本项目配套资源文件）。请设计一款采购订单机器人，能实现自动登录企业 ERP——金蝶云星空平台，自动将外部采购订单数据引入系统。具体要求如下。

　　（1）单击【运行】按钮，运行采购订单机器人。

　　（2）智能打开金蝶云星空平台。

　　（3）智能搜索并选择指定数据中心。

　　（4）智能输入用户名、密码。

　　（5）智能登录金蝶云星空平台。

　　（6）智能判定是否登录成功。

　　（7）智能进入采购订单列表界面。

　　（8）智能引入外部订单数据。

　　（9）智能勾选采购订单提交审核。

　　（10）智能提示运行结束。

想一想
　　在登录金蝶云星空的过程中，会出现哪些登录不成功的情况，应如何解决？

流程设计

　　根据任务场景和任务要求，采购订单机器人的流程设计如图 6-1 所示。

演示视频

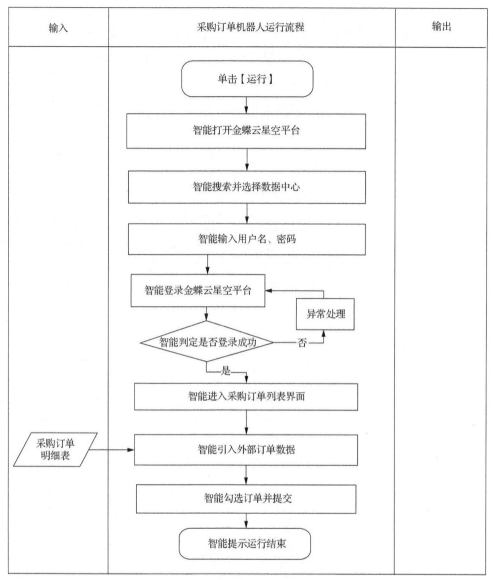

图 6-1　采购订单机器人的流程设计

开发方案

采购订单机器人的开发方案如表 6-1 所示。

表 6-1　　　　　　　　　　　　采购订单机器人的开发方案

序号	操作步骤	添加组件/新增变量
1	前期准备	新建文件夹
		数据准备
		修改表格数据
		新建工程

续表

序号	操作步骤	添加组件/新增变量
2	登录金蝶云星空平台	添加【序列】组件
		为【序列】组件上的"序列 1"添加【网站】组件
		在【网站】组件后添加【最大化窗口】组件
		在【最大化窗口】组件后添加【鼠标点击】组件
		在【鼠标点击】组件后添加【设置文本】组件
		在【设置文本】组件后添加【热键输入】组件
		在【热键输入】组件后添加【设置文本】组件
		在【设置文本】组件后添加【设置文本】组件
		在【设置文本】组件后添加【鼠标点击】组件
		在【鼠标点击】组件后添加【Try 异常】组件
		为【Try 异常】组件的"开始过程"添加【鼠标点击】组件
		为【Try 异常】组件的"异常过程"添加【鼠标点击】组件
		在【鼠标点击】组件后添加【鼠标点击】组件
		为【Try 异常】组件的"结束过程"添加【模拟按键】组件
		在【模拟按键】组件后添加【热键输入】组件
3	引入采购订单	为【序列】组件上的"序列 2"添加【鼠标移动】组件
		在【鼠标移动】组件后添加【鼠标点击】组件
		在【鼠标点击】组件后添加【鼠标点击】组件
		在【鼠标点击】组件后添加【鼠标点击】组件
		在【鼠标点击】组件后添加【拷贝到剪贴板】组件
		在【拷贝到剪贴板】组件后添加【热键输入】组件
		在【热键输入】组件后添加【热键输入】组件
		在【热键输入】组件后添加【设置文本】组件
		在【设置文本】组件后添加【鼠标点击】组件
		在【鼠标点击】组件后添加【鼠标点击】组件
		在【鼠标点击】组件后添加【鼠标点击】组件
4	提交采购订单	为【序列】组件上的"序列 3"添加【鼠标点击】组件
		在【鼠标点击】组件后添加【鼠标点击】组件
		在【鼠标点击】组件后添加【鼠标点击】组件
5	提示用户流程结束	为【序列】组件上的"序列 4"添加【消息框】组件
6	运行调试并保存	运行调试流程并保存

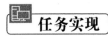

任务实现

一、前期准备

1. 新建文件夹

在 C 盘根目录下新建文件夹，用来保存 RPA 机器人的所有资料。文件夹的命名为"RPA+学号"（若前面已创建则无须重复创建）。打开"RPA+学号"文件夹，在该文件夹下新建子文件夹，命名格式为 Purchase_Order +学号。在"Purchase_Order +学号"文件夹下，新建子文件夹，命名格式为 Purchase_Order_Import +学号。以学号 1001 为例，建好后 3 个文件夹的路径及名称如图 6-2 所示。

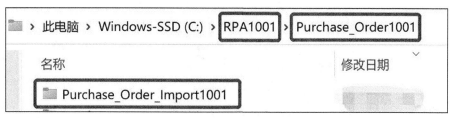

图 6-2　3 个文件夹的路径及名称

2. 数据准备

下载本项目配套资源文件"标准采购订单引入明细表"，保存至"Purchase_Order_Import +学号"文件夹，并将文件重命名为"标准采购订单引入明细表+学号"。以学号 1001 为例，设置好后文件名称及文件路径如图 6-3 所示。

图 6-3　文件名称及文件路径

3. 修改表格数据

教师在金蝶云星空平台指定教学数据中心给每位同学分配一个小组，每个小组内置的供应商编码、采购员编码、物料编码均与组织编号相同，因此需要对"标准采购订单引入明细表 1001"中相关数据进行统一修改。例如，若分配的小组为"荣飞科技股份有限公司 1002"，则应将 Excel 表中的"1001"替换为"1002"，替换过程及替换结果分别如图 6-4、图 6-5 所示。

	A	B	C	D	E	F	G	H
1	FBillHead(PUR_Purchas	FBillTypeID	FBillTypeID#Name	FBillNo	FDate	FSupplierId	FSupplierId#Name	FPurchaseOrgId
2	*基本信息(序号)	*(基本信息)单据类型#:	(基本信息)单据类型#Name	(基本信息)单据编号	*(基本信息)采购日期	*(基本信息)供应商#编码	(基本信息)供应商#名称	(基本信息)采购组织#
3	100083	CGDD01_SYS	标准采购订单	CGDD100101	2023-01-05	1001.03 天利公司		1001
4	100082	CGDD01_SYS	标准采购订单	CGDD100102	2023-01-05	1001.01 雅俊实业		1001
5								
6								
7	100081	CGDD01_SYS	标准采购订单	CGDD100103	2023-01-05	1001.04 美华公司		1001
8	100080	CGDD01_SYS	标准采购订单	CGDD100104	2023-01-05	1001.02 明瑞五金		1001

查找和替换

查找(D)　替换(P)

查找内容(N)：1001　未设定格式　格式(M)...
替换为(E)：1002　未设定格式　格式(M)...

范围(H)：工作表　□区分大小写(C)
搜索(S)：按行　□单元格匹配(O)
查找范围(L)：公式　□区分全/半角(B)　选项(T) <<

全部替换(A)　替换(R)　查找全部(I)　上一个(P)　下一个(N)　关闭

图 6-4　替换过程

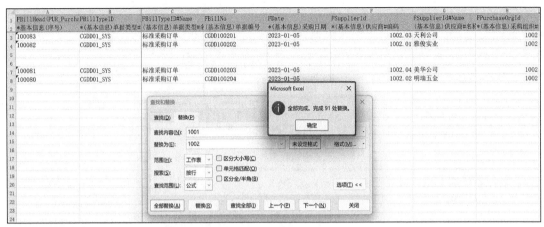

图 6-5　替换结果

4. 新建工程

打开 iS-RPA 设计器，新建一个工程，命名格式为"RPA_Purchase_Order_Import+学号"，保存路径为"/C:RPA+学号/Purchase_Order+学号/Purchase_Order_Import+学号"。单击【创建】按钮，进入 iS-RPA 设计器主界面。以学号 1001 为例，新建工程界面如图 6-6 所示。

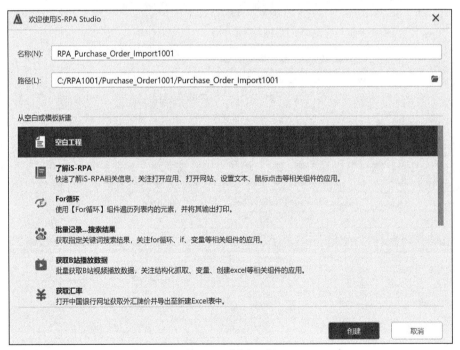

图 6-6　新建工程

二、登录金蝶云星空平台

1. 添加【序列】组件

在流程设计区【开始】后通过拖曳方式添加【序列】组件。设置【序列】组件通用属性中的"备注"为"分步实现采购订单机器人功能"，如图 6-7 所示。

图 6-7　【序列】组件的属性设置

2. 添加【网站】组件

为【序列】组件上的"序列 1"添加【网站】组件。将【网站】组件通用属性中的"备注"修改为"打开金蝶云星空登录页面";设置目标属性中的"路径"为谷歌浏览器在本地计算机上的存放地址（格式为"r'+谷歌浏览器在计算机中的路径+\chrome.exe'"），"网址"为"http://ip:端口/k3cloud/html5/index.aspx'"。【网站】组件的属性设置如图 6-8 所示。

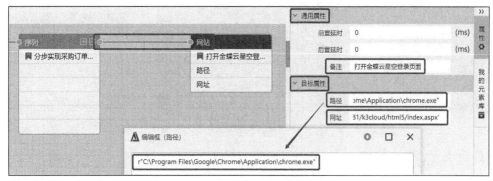

图 6-8　【网站】组件的属性设置

只运行此组件，RPA 机器人将自动打开金蝶云星空登录页面，如图 6-9 所示。

图 6-9　自动打开金蝶云星空登录页面

3. 添加【最大化窗口】组件

在【网站】组件后添加【最大化窗口】组件。单击【最大化窗口】组件上的【拾取】按钮，先按 F2 键暂停拾取，调出金蝶云星空登录页面，再按 F2 键恢复拾取，框选金蝶云星空登录页面，如图 6-10 所示。

图 6-10 框选金蝶云星空登录页面

设置【最大化窗口】组件通用属性中的"备注"为"使网页窗口最大化"，如图 6-11 所示。

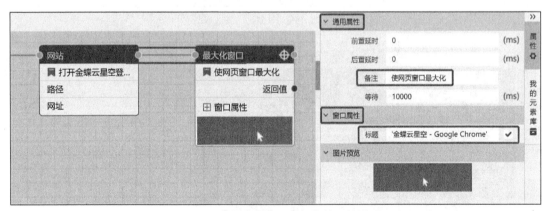

图 6-11 【最大化窗口】组件的属性设置

只运行此组件，RPA 机器人将使网页窗口最大化。

4. 添加【鼠标点击】组件

在【最大化窗口】组件后添加【鼠标点击】组件。单击【鼠标点击】组件上的【拾取】按钮，先按 F2 键暂停拾取，调出金蝶云星空登录页面，再按 F2 键恢复拾取，框选【切换数据中心】按钮，如图 6-12 所示。

图 6-12　框选【切换数据中心】按钮

设置【鼠标点击】组件通用属性中的"备注"为"点击打开数据中心列表"，如图 6-13 所示。

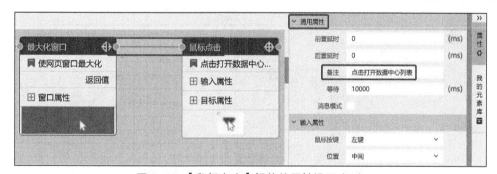

图 6-13　【鼠标点击】组件的属性设置（1）

只运行此组件，RPA 机器人将自动打开数据中心列表，如图 6-14 所示。

图 6-14　自动打开数据中心列表

5. 添加【设置文本】组件

在【鼠标点击】组件后添加【设置文本】组件。单击【设置文本】组件上的【拾取】按钮，先按 F2 键暂停拾取，调出数据中心列表，再按 F2 键恢复拾取，框选数据中心搜索框，如图 6-15 所示。

图 6-15　框选数据中心搜索框

设置【设置文本】组件通用属性中的"备注"为"输入数据中心名称"；设置目标属性中的"文本"为教师指定的数据中心名称，以数据中心"RPA 智能财务实训中心"为例，组件设置完成后如图 6-16 所示。

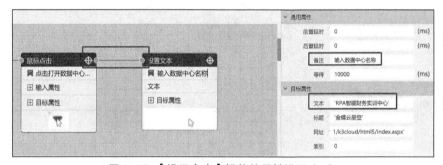

图 6-16　【设置文本】组件的属性设置（1）

6. 添加【热键输入】组件

在【设置文本】组件后添加【热键输入】组件。设置【热键输入】组件通用属性中的"备注"为"搜索目标数据中心"；设置目标属性中的"键值"为"Enter"。【热键输入】组件的属性设置如图 6-17 所示。

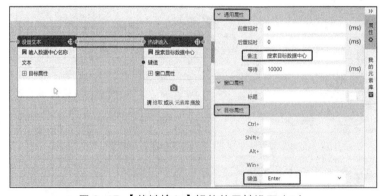

图 6-17　【热键输入】组件的属性设置（1）

7. 添加【设置文本】组件

在【热键输入】组件后添加【设置文本】组件。单击【设置文本】组件上的【拾取】按钮，先按 F2 键暂停拾取，调出金蝶云星空登录页面，再按 F2 键恢复拾取，框选【用户名】输入框，如图 6-18 所示。

图 6-18　框选【用户名】输入框

设置【设置文本】组件通用属性中的"备注"为"输入登录用户名"；设置目标属性中的"文本"为"'采购员 1001'"。【设置文本】组件的属性设置如图 6-19 所示。

图 6-19　【设置文本】组件的属性设置（2）

8. 继续添加【设置文本】组件

在【设置文本】组件后再添加一个【设置文本】组件。单击【设置文本】组件上的【拾取】按钮，先按 F2 键暂停拾取，调出金蝶云星空登录页面，再按 F2 键恢复拾取，框选【密码】输入框，如图 6-20 所示。

图 6-20　框选【密码】输入框

设置【设置文本】组件通用属性中的"备注"为"输入登录密码";设置目标属性中的"文本"为账号密码。【设置文本】组件的属性设置如图 6-21 所示。

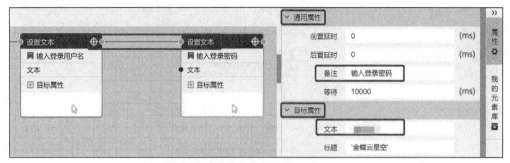

图 6-21 【设置文本】组件的属性设置（3）

9. 添加【鼠标点击】组件

在【设置文本】组件后添加【鼠标点击】组件。单击【鼠标点击】组件上的【拾取】按钮，先按 F2 键暂停拾取，调出金蝶云星空登录页面，再按 F2 键恢复拾取，框选【登录】按钮，如图 6-22 所示。

图 6-22 框选【登录】按钮

设置【鼠标点击】组件通用属性中的"备注"为"单击【登录】按钮"，如图 6-23 所示。

图 6-23 【鼠标点击】组件的属性设置（2）

选中【网站】组件，单击鼠标右键，从弹出的快捷菜单中选择【从当前步骤运行】命令，RPA
机器人将自动登录金蝶云星空平台，如图 6-24 所示。

图 6-24   自动登录金蝶云星空平台

10. 添加【Try 异常】组件

在【鼠标点击】组件后添加【Try 异常】组件。设置【Try 异常】组件通用属性中的"备注"
为"处理重复登录该账号的情况"，如图 6-25 所示。

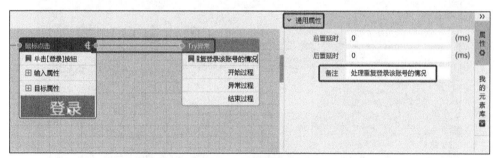

图 6-25   【Try 异常】组件的属性设置

11. 添加【鼠标点击】组件

为【Try 异常】组件的"开始过程"添加【鼠标点击】组件。单击【鼠标点击】组件上的【拾
取】按钮，先按 F2 键暂停拾取，调出金蝶云星空平台页面，再按 F2 键恢复拾取，并按 F4 键切
换当前拾取方式为 uia 拾取，框选【搜功能】搜索框，如图 6-26 所示。

图 6-26   框选【搜功能】搜索框

设置【鼠标点击】组件通用属性中的"前置延时"为"3000","备注"为"单击【搜功能】搜索框","等待"为"3000",如图 6-27 所示。

图 6-27 【鼠标点击】组件的属性设置（3）

在账号没有退出登录的情况下，关闭浏览器（指打开金蝶云星空平台的浏览器）页面，在设计器中单击【运行】按钮，待 RPA 机器人登录金蝶云星空平台时，系统会跳出该账号已登录在线的提示框，如图 6-28 所示。

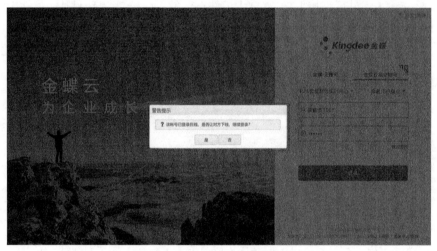

图 6-28 登录异常处理

12. 继续添加【鼠标点击】组件

为【Try 异常】组件的"异常过程"添加【鼠标点击】组件。单击【鼠标点击】组件上的【拾取】按钮，先按 F2 键暂停拾取，调出该账号已登录在线的提示框，再按 F2 键恢复拾取，框选提示框中的【是】按钮，如图 6-29 所示。

图 6-29 框选【是】按钮

设置【鼠标点击】组件通用属性中的"备注"为"单击【是】按钮"，如图 6-30 所示。

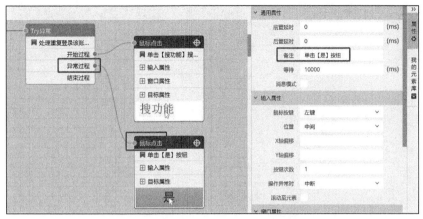

图 6-30 【鼠标点击】组件的属性设置（4）

只运行此组件，RPA 机器人将自动单击【是】按钮，进入金蝶云星空主界面（见图 6-24）。

13. 继续添加【鼠标点击】组件

在【鼠标点击】组件后再添加一个【鼠标点击】组件。单击新增【鼠标点击】组件上的【拾取】按钮，先按 F2 键暂停拾取，调出金蝶云星空主界面，再按 F2 键恢复拾取，并按 F4 键切换当前拾取方式为 uia 拾取，框选【搜功能】搜索框，如图 6-31 所示。

图 6-31 框选【搜功能】搜索框

设置【鼠标点击】组件通用属性中的"前置延时"为"3000"，"备注"为"单击【搜功能】搜索框"，如图 6-32 所示。

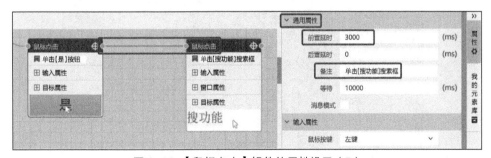

图 6-32 【鼠标点击】组件的属性设置（5）

只运行此组件，RPA 机器人将自动单击【搜功能】搜索框，如图 6-33 所示。

图 6-33　运行调试

14. 添加【模拟按键】组件

为【Try 异常】组件的"结束过程"添加【模拟按键】组件。设置【模拟按键】组件通用属性中的"备注"为"输入功能名称";设置目标属性中的"键值"为"采购订单列表"。【模拟按键】组件的属性设置如图 6-34 所示。

图 6-34　【模拟按键】组件的属性设置

15. 添加【热键输入】组件

在【模拟按键】组件后添加【热键输入】组件。设置【热键输入】组件通用属性中的"前置延时"为"3000","备注"为"进入功能页面";设置目标属性中的"键值"为"Enter"。【热键输入】组件的属性设置如图 6-35 所示。

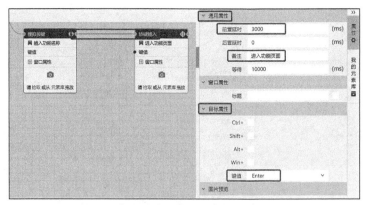

图 6-35　【热键输入】组件的属性设置（2）

选中【Try 异常】组件，并从当前步骤开始运行，RPA 机器人将自动进入采购订单列表页面，如图 6-36 所示。

图 6-36　自动进入采购订单列表页面

想一想

　【Try 异常】组件的作用和原理是什么？

三、引入采购订单

1. 添加【鼠标移动】组件

为【序列】组件上的"序列 2"添加【鼠标移动】组件。单击【鼠标移动】组件上的【拾取】按钮，先按 F2 键暂停拾取，调出采购订单列表页面，再按 F2 键恢复拾取，并按 F4 键切换当前拾取方式为 uia 拾取，框选【选项】按钮，如图 6-37 所示。

图 6-37　框选【选项】按钮

设置【鼠标移动】组件通用属性中的"备注"为"移动鼠标指针至【选项】按钮"，如图 6-38 所示。

图 6-38　【鼠标移动】组件的属性设置

2. 添加【鼠标点击】组件

在【鼠标移动】组件后添加【鼠标点击】组件。单击【鼠标点击】组件上的【拾取】按钮，先按 F2 键暂停拾取，调出采购订单列表页面，移动鼠标指针至【选项】按钮，再按 F2 键恢复拾取，并按 F4 键切换当前拾取方式为 uia 拾取，框选【引入】选项，如图 6-39 所示。

图 6-39　框选【引入】选项

设置【鼠标点击】组件通用属性中的"备注"为"单击【引入】选项"，如图 6-40 所示。

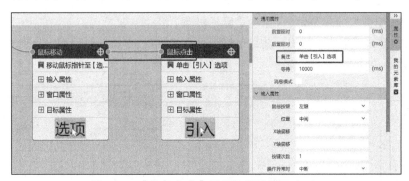

图 6-40　【鼠标点击】组件的属性设置（6）

选中功能为"移动鼠标指针至【选项】按钮"的【鼠标移动】组件，从当前步骤开始运行，RPA 机器人将自动打开【数据引入】对话框，如图 6-41 所示。

图 6-41　自动打开【数据引入】对话框

3. 继续添加【鼠标点击】组件

在【鼠标点击】组件后再添加一个【鼠标点击】组件。单击新增【鼠标点击】组件上的【拾取】按钮，先按 F2 键暂停拾取，调出【数据引入】对话框，再按 F2 键恢复拾取，并按 F4 键切换当前拾取方式为 uia 拾取，框选 ✚ 按钮，如图 6-42 所示。

图 6-42　框选 ✚ 按钮

设置新增【鼠标点击】组件通用属性中的"备注"为"单击【+】按钮"，如图 6-43 所示。

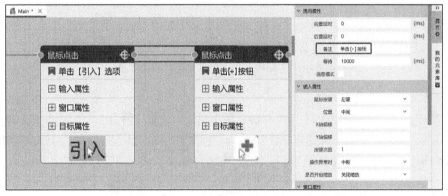

图 6-43　【鼠标点击】组件的属性设置（7）

只运行此组件，RPA 机器人将自动单击 ✚ 按钮，运行结果如图 6-44 所示。

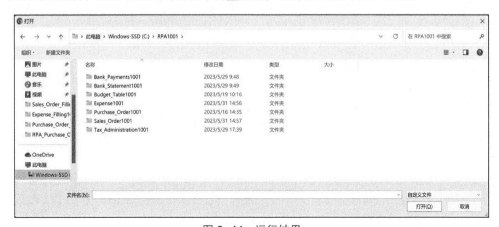

图 6-44　运行结果

4. 继续添加【鼠标点击】组件

在【鼠标点击】组件后再添加一个【鼠标点击】组件。单击新增【鼠标点击】组件上的【拾取】按钮，先按 F2 键暂停拾取，调出要引入的数据文件功能页面，再按 F2 键恢复拾取，并按 F4 键切换当前拾取方式为 uia 拾取，框选文件路径框，如图 6-45 所示。

图 6-45　框选文件路径框

设置新增【鼠标点击】组件通用属性中的"备注"为"单击文件路径框"，如图 6-46 所示。

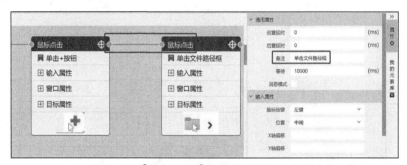

图 6-46　【鼠标点击】组件的属性设置（8）

5. 添加【拷贝到剪贴板】组件

在【鼠标点击】组件后添加【拷贝到剪贴板】组件。设置【拷贝到剪贴板】组件通用属性中的"备注"为"将文件路径拷贝到剪贴板"；设置目标属性中的"文本"为"'C:\RPA1001\Purchase_Order1001\Purchase_Order_Import1001'"。【拷贝到剪贴板】组件的属性设置如图 6-47 所示。

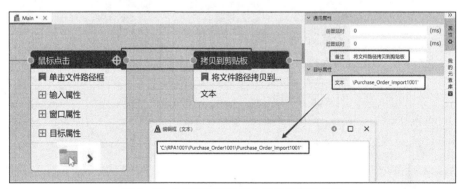

图 6-47　【拷贝到剪贴板】组件的属性设置

6. 添加【热键输入】组件

在【拷贝到剪贴板】组件后添加【热键输入】组件。设置【热键输入】组件通用属性中的"备注"为"粘贴文件路径"；勾选目标属性中的"Ctrl+"复选框，设置"键值"为"v"。【热键输入】组件的属性设置如图 6-48 所示。

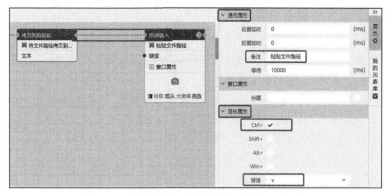

图 6-48 【热键输入】组件的属性设置（3）

7. 继续添加【热键输入】组件

在【热键输入】组件后再添加一个【热键输入】组件。设置新增【热键输入】组件通用属性中的"备注"为"进入对应文件路径"；设置目标属性中的"键值"为"Enter"。新增【热键输入】组件的属性设置如图 6-49 所示。

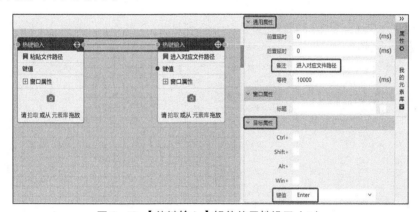

图 6-49 【热键输入】组件的属性设置（4）

选中功能为"点击文件路径框"的【鼠标点击】组件，从当前步骤开始运行，RPA 机器人将自动进入对应文件路径，如图 6-50 所示。

图 6-50 自动进入对应文件路径

8. 添加【设置文本】组件

在【热键输入】组件后添加【设置文本】组件。单击【设置文本】组件上的【拾取】按钮，先按 F2 键暂停拾取，调出选择要引入的数据文件功能页面，再按 F2 键恢复拾取，并按 F4 键切换当前拾取方式为 uia 拾取，框选【文件名】输入框，如图 6-51 所示。

图 6-51　框选【文件名】输入框

设置【设置文本】组件通用属性中的"备注"为"设置待引入文件名称"；设置目标属性中的"文本"为"标准采购订单引入明细表 1001.xlsx"。【设置文本】组件的属性设置如图 6-52 所示。

图 6-52　【设置文本】组件的属性设置（4）

只运行此组件，RPA 机器人将自动设置待引入文件的名称，如图 6-53 所示。

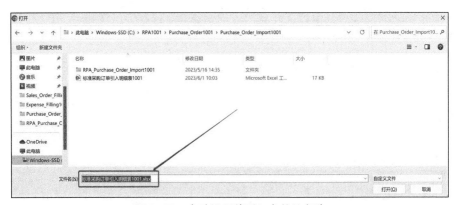

图 6-53　自动设置待引入文件的名称

9. 添加【鼠标点击】组件

在【设置文本】组件后添加【鼠标点击】组件。单击【鼠标点击】组件上的【拾取】按钮，先按 F2 键暂停拾取，调出要引入的数据文件功能页面，再按 F2 键恢复拾取，并按 F4 键切换当前拾取方式为 uia 拾取，框选【打开】按钮，如图 6-54 所示。

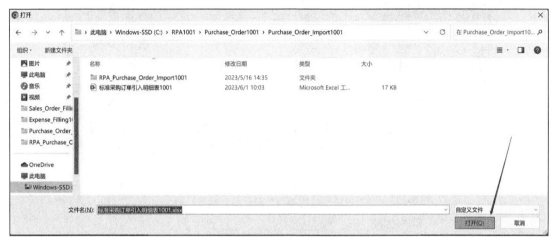

图 6-54　框选【打开】按钮

设置【鼠标点击】组件通用属性中的"备注"为"单击【打开】按钮"，如图 6-55 所示。

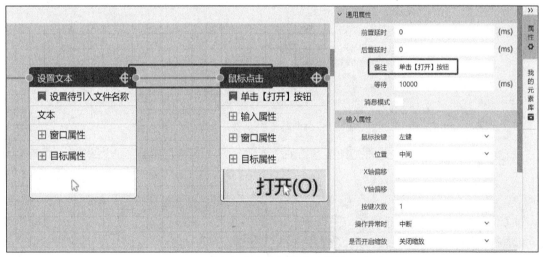

图 6-55　【鼠标点击】组件的属性设置（9）

只运行此组件，RPA 机器人将自动单击【打开】按钮，【数据引入】对话框将显示已选择的文件名称，如图 6-56 所示。

10. 继续添加【鼠标点击】组件

在【鼠标点击】组件后再添加一个【鼠标点击】组件。单击新增【鼠标点击】组件上的【拾取】按钮，先按 F2 键暂停拾取，调出【数据引入】对话框，再按 F2 键恢复拾取，并按 F4 键切换当前拾取方式为 uia 拾取，框选【引入数据】按钮，如图 6-57 所示。

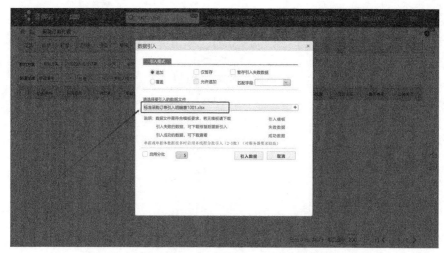

图 6-56 【数据引入】对话框显示已选择的文件名称

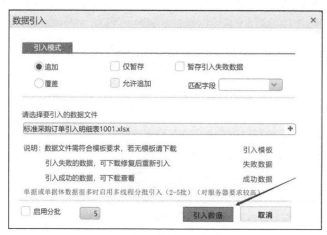

图 6-57 框选【引入数据】按钮

设置新增【鼠标点击】组件通用属性中的"备注"为"单击【引入数据】按钮",如图 6-58 所示。

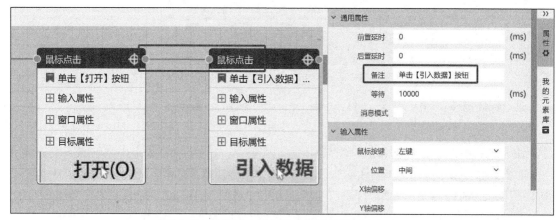

图 6-58 【鼠标点击】组件的属性设置(10)

只运行此组件，RPA 机器人将自动引入数据，如图 6-59 所示。

图 6-59 自动引入数据

11. 继续添加【鼠标点击】组件

在【鼠标点击】组件后再添加一个【鼠标点击】组件。单击新增【鼠标点击】组件上的【拾取】按钮，先按 F2 键暂停拾取，调出【数据引入】对话框，再按 F2 键恢复拾取，并按 F4 键切换当前拾取方式为 uia 拾取，框选 ☒ 按钮，如图 6-60 所示。

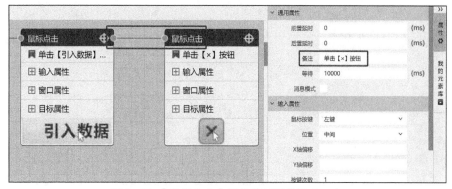

图 6-60 框选 ☒ 按钮

设置新增【鼠标点击】组件通用属性中的"备注"为"单击【×】按钮"，如图 6-61 所示。

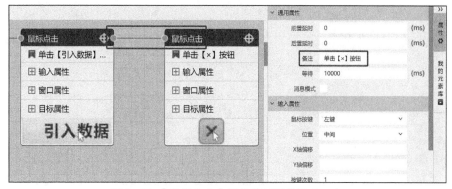

图 6-61 【鼠标点击】组件的属性设置（11）

只运行此组件，RPA 机器人将自动关闭【数据引入】对话框，如图 6-62 所示。

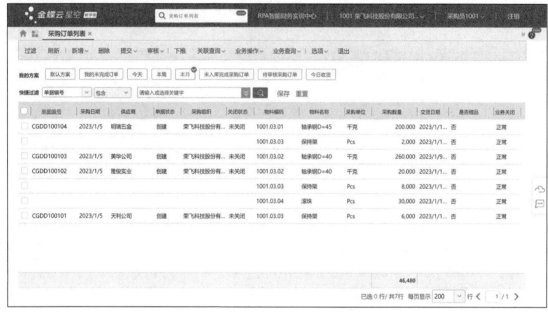

图 6-62 自动关闭【数据引入】对话框

四、提交采购订单

1. 添加【鼠标点击】组件

为【序列】组件上的"序列 3"添加【鼠标点击】组件。单击【鼠标点击】组件上的【拾取】按钮，先按 F2 键暂停拾取，调出采购订单列表页面，再按 F2 键恢复拾取，并按 F4 键切换当前拾取方式为 uia 拾取，框选【今天】按钮，如图 6-63 所示。

图 6-63 框选【今天】按钮

设置【鼠标点击】组件通用属性中的"备注"为"单击【今天】按钮",如图 6-64 所示。

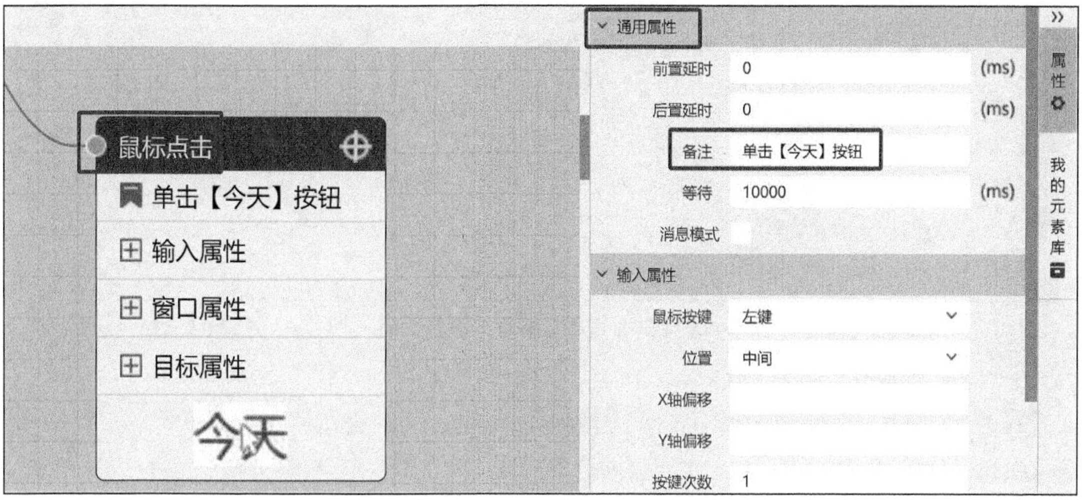

图 6-64 【鼠标点击】组件的属性设置(12)

2. 继续添加【鼠标点击】组件

在【鼠标点击】组件后再添加一个【鼠标点击】组件。单击新增【鼠标点击】组件上的【拾取】按钮,先按 F2 键暂停拾取,调出采购订单列表页面,再按 F2 键恢复拾取,并按 F4 键切换当前拾取方式为 uia 拾取,框选【全选】按钮,如图 6-65 所示。

图 6-65 框选【全选】按钮

设置新增【鼠标点击】组件通用属性中的"备注"为"单击【全选】按钮",如图 6-66 所示。

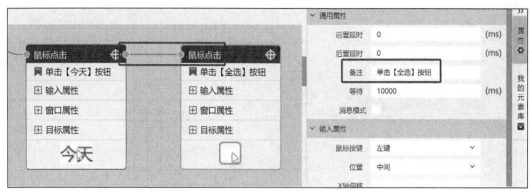

图 6-66 【鼠标点击】组件的属性设置（13）

3. 继续添加【鼠标点击】组件

在【鼠标点击】组件后再添加一个【鼠标点击】组件。单击新增【鼠标点击】组件上的【拾取】按钮，先按 F2 键暂停拾取，调出采购订单列表页面，再按 F2 键恢复拾取，并按 F4 键切换当前拾取方式为 uia 拾取，框选【提交】按钮，如图 6-67 所示。

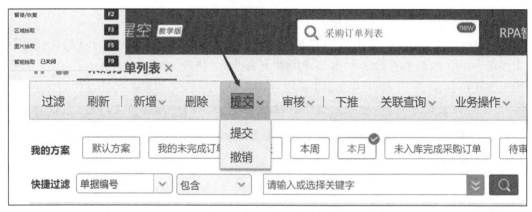

图 6-67 框选【提交】按钮

设置新增【鼠标点击】组件通用属性中的"备注"为"单击【提交】按钮"，如图 6-68 所示。

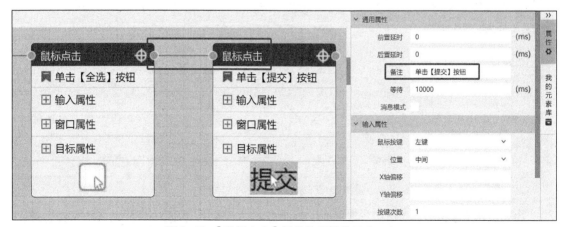

图 6-68 【鼠标点击】组件的属性设置（14）

五、提示用户流程结束

为【序列】组件上的"序列 4"添加【消息框】组件。设置【消息框】组件通用属性中的"备注"为"提示用户流程结束";设置输入属性中的"内容"为"'所有标准采购订单均录入完成,请登录金蝶云星空平台并在采购订单列表中查看!'";设置目标属性中的"标题"为"提示!'"。【消息框】组件的属性设置如图 6-69 所示。

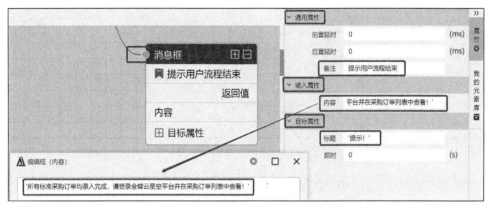

图 6-69　【消息框】组件的属性设置

六、运行调试并保存

全选流程设计过程中引入的 4 笔采购订单并删除,退出金蝶云星空平台,关闭谷歌浏览器。单击设计器右上角的【运行】按钮,待程序运行完成时,系统会自动弹出流程运行结束的提示框,如图 6-70 所示。

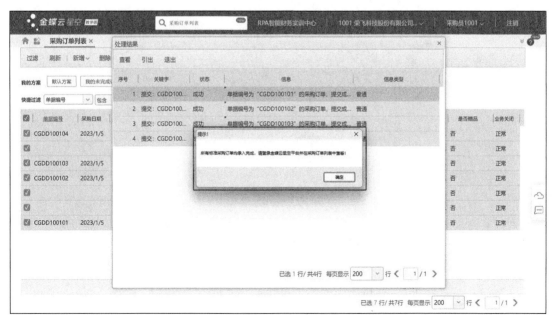

图 6-70　自动弹出流程运行结束的提示框

单击提示框中的【确定】按钮后,可见设计器控制台提示"运行完成",且可以在金蝶云星空平台的采购订单列表页面查看到 RPA 机器人自动引入的采购订单，如图 6-71 所示。

图 6-71　自动引入的采购订单

确认流程无误后，单击【保存】按钮保存工程。

巩固与练习

自行完成金蝶云星空登录页面的全过程组件设置，加强对基础组件的熟练应用。